学习雷锋

街道吹响"攻坚克难哨"
主动问政于民、问需于民、问计于民
100分钟工作法

居民吹响"共治共享哨"、社区吹响"排忧解难哨"

温暖"总在线"
守护"不打烊"

"三见三用"工作法

全心全意为人民服务

党群心连心 政民零距离

治理精细化、力量多元化、下沉常态化
问题早发现、诉求全响应、服务零距离

雷锋讲堂

开门办公、来者不拒、照单全收、立即就办
"一条热线" 搭建起党与群众的"连心桥" 接诉即办 未诉先办

"眼睛向下"
"脚步向前"

小事不出社区、大事不出街道、矛盾不上交
推动学雷锋活动融入日常、化作经常

将支部建在矩阵上

事事有回应、件件有着落、凡事有交代

问题不出物业、问题不出小区、问题不出社区 打通社区"微循环"

每周一事、每月一题 日调度、周会商、月讲评，
以情感人、以理服人

邻里共享家 学雷锋实践基地 党建引领、街乡吹哨、部门报到
党建驿站、商会暖心驿站、"小哥加油站"、暖蜂驿站 紫金服务

把难点变重点，把对象变队伍
一竿子插到底 "搭上线" "通上电"
深化党建引领，以网格化管理为基础，深化矩阵治理

坚持党建引领弘扬雷锋精神
助力中国式现代化治理模式探索与实践

雷锋精神与基层治理

坚持党建引领弘扬雷锋精神
助力中国式现代化治理模式
探索与实践

秦 磊 ● 主编

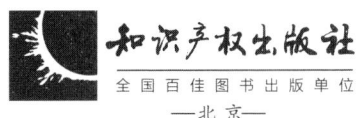

全国百佳图书出版单位
—北 京—

图书在版编目（CIP）数据

雷锋精神与基层治理：坚持党建引领弘扬雷锋精神助力中国式现代化治理模式探索与实践/秦磊主编. —北京：知识产权出版社，2024.5
ISBN 978-7-5130-9329-3

Ⅰ.①雷… Ⅱ.①秦… Ⅲ.①雷锋精神—研究 ②社会管理—研究—中国 Ⅳ.①D64 ②D63

中国国家版本馆CIP数据核字（2024）第060747号

责任编辑：李 潇 张 冰　　　　责任校对：王 岩
封面设计：杰意飞扬·张悦　　　　责任印制：刘译文

雷锋精神与基层治理
——坚持党建引领弘扬雷锋精神助力中国式现代化治理模式探索与实践
秦磊　主编

出版发行：知识产权出版社有限责任公司	网　址：http://www.ipph.cn
社　　址：北京市海淀区气象路50号院	邮　编：100081
责编电话：010-82000860转8024	责编邮箱：740666854@qq.com
发行电话：010-82000860转8101/8102	发行传真：010-82000893/82005070/82000270
印　　刷：三河市国英印务有限公司	经　销：新华书店、各大网上书店及相关专业书店
开　　本：720mm×1000mm 1/16	印　张：12.5
版　　次：2024年5月第1版	印　次：2024年5月第1次印刷
字　　数：168千字	定　价：89.00元
ISBN 978-7-5130-9329-3	

出版权专有　侵权必究
如有印装质量问题，本社负责调换。

编委会

顾　问　王伟光　戚建国　陶　克　欧阳文安　石会民
　　　　周金富　冯立祥　武清林　何龙安　钱长锁
　　　　田冬梅　钱　君　朱春华　习海彦　胡　澄
　　　　胡东升　王　斌　杨长胜　郝晓英　郭志明
　　　　韩　要　宋长文　李　刚　王彤江　李　潇
　　　　龙　文

主　编　秦　磊

副主编　冯　博　彭恩强　杨劲松　王兵见　汪志修
　　　　轩拥军　汪前程　王新蕊　郁胜高　李小安
　　　　张文兴　孙立伟　杨效坚　陈四清　张玉庭
　　　　王俊青　王淑姮

编　委　（以姓氏笔画为序）
　　　　马　琳　马秋颖　王玉梅　王鸿源　王维佳
　　　　巨小洧　文丹丹　尹佳佳　艾　妤　冯溪歌
　　　　刘　斌　刘伟涛　刘欣旭　孙　雯　孙　璐
　　　　杜进平　李　博　李　薇　李广华　李艳静
　　　　李晶澈　杨　璐　杨怀广　余文斌　犹明飞
　　　　张　莹　张　婧　张军港　陈　旭　陈淑凤
　　　　宗超斌　段美洁　郭　琦　唐志立　黄　涛
　　　　黄飞雁　曹　蕊　董玉虎　曾佳熙　谢胜君
　　　　靳　璐　霍德骁

序　言

习近平总书记指出："积小善为大善，善莫大焉，这和我们党'为人民服务'、'做人民勤务员'是一脉相承的。我们要见贤思齐，把雷锋精神代代传承下去。"对基层工作来说，就是要把雷锋精神融入地区文化建设、精神文明建设之中，引导居民崇德向善，助人为乐；把做好本职工作、为人民服务作为根本遵循，引导党员干部坚定理想信念，立足岗位做贡献。

2023年，是毛泽东等老一辈无产阶级革命家为雷锋同志题词60周年，是毛泽东同志批示学习推广"枫桥经验"60周年，是习近平总书记指示坚持和发展"枫桥经验"20周年。雷锋精神的实质和核心是全心全意为人民服务，"枫桥经验"是贯穿党的群众路线的生动实践。近年来，北京市东城区体育馆路街道（以下简称体育馆路街道）坚持党建引领，将弘扬践行雷锋精神贯穿基层治理之中，努力探索形成中国式现代化治理的"体街模式"，形成了一套解决问题、化解矛盾的工作体系。为了纪念雷锋同志，总结雷锋精神在推动基层治理方面的经验做法，我们将相关理论研究与街道、社区工作中的经典案例结合，编写成此书，以供读者参考。

本书共分为七章，以"雷锋精神与基层治理"作为主

线,从多个角度诠释雷锋精神的时代内涵,是将弘扬雷锋精神融入基层治理的实践成果。第一章,介绍了雷锋精神的形成背景和丰富内涵。第二章,论述了雷锋精神的时代意义,总结了弘扬雷锋精神,助推中国式现代化、基层治理现代化的作用。第三章,论述了雷锋精神在接诉即办工作中的应用及成果。第四章,分享街道治理模式、工作机制、工作方法,总结以雷锋精神探索基层治理模式创新和实践的经验。第五章,介绍以雷锋精神汇聚经济社会高质量发展合力,组团服务保障地区企业发展,通过打造"雷锋企业",激发员工爱岗敬业、奉献地区发展的热情和动力。第六章,通过总结社区经验和案例,阐述雷锋精神在矛盾纠纷化解、建设和谐社会中的作用和意义,用"德治"引领社区"善治"。第七章,通过案例阐释志愿精神是雷锋精神的衍生与传承,展现志愿服务在体育馆路街道蔚然成风。本书中既有系统深入的理论研究,也有翔实具体的案例实践,是体育馆路街道与时俱进弘扬雷锋精神,持续拓展内容、创新形式、丰富载体的总结梳理,也是不断以实际行动书写新时代雷锋故事的生动写照。

　　基层强则国家强,基层安则天下安。习近平总书记指出,"涉及人民群众利益的大量决策和工作,主要发生在基层",只有不断夯实基层治理这个基础,才能真正实现全面建成社会主义现代化强国的目标。中共北京市东城区委体育馆路街道工作委员会(以下简称体育馆路街道党工委)坚持以习近平新时代中国特色社会主义思想为指导,不断夯实党建基础,大力弘扬雷锋精神,提高基层治理能力。体育馆路街道以打造"雷锋街道"为目标,以雷锋精神为指引,坚持"开门办公、来者不拒、照单全收、立即就办"的工作作风和"见人见事见面、用心用情用力"的"三见三用"工作法;深化践行"搭上线"与"通上电"系统理念;创新提出"100分钟工作法",通过100分钟的面对面交谈,达到化解矛盾、解决诉求的最佳效果;积极开展"未诉先办零诉求社区"建设,构建"网格化管理，矩阵化治理"体系。通过转变作风、改进工作方法，推动街道、社区干部人人参与基层治理，人人答好接诉即办答卷。体育馆路街道树立"到一线解决问题"的鲜明导向，最大限度地化解消极因素、调动积极因素，把问题解决在基层，把矛盾化解在萌芽。随着对打通服务群众"最后 100 米"的响应、落实与反馈机制的渐趋完善，沉积多年的历史难题逐步被破解，基层治理基础不断夯实，体育馆路街道 12345 热线受理量明显下降，万人诉求比全区最低。2023 年 10 月 5 日、11 月 5 日，体育馆路街道实现接诉即办当日"零诉求"，成为东城区首个实现当日"零诉求"的街道。2023 年，体育馆路街道接诉即办综合考评成绩在东城区排名第一。2023 年 11 月、2024 年 3—5 月，体育馆路街道接诉即办市级考核得到满分，在北京市 343 个街道（乡镇）中排名第一。

传承是最有力的礼赞，赓续是最崇高的致敬。通过开展"感动体街"道德模范评选活动、举办雷锋资料展、建设雷锋资料馆，我们让更多的人了解雷锋事迹、学习雷锋精神，让"雷锋"这两个字在人们心中越来越有温度，让雷锋精神的种子在体育馆路地区生根发芽、开花结果。通过组织开展雷锋精神宣讲会，打造特色品牌"雷锋讲堂"，邀请解放军报社原副总编辑、《雷锋》杂志总编辑陶克将军，中国第一位打破世界纪录的跳高运动员郑凤荣，党的二十大代表、奥运冠军徐梦桃，全国学雷锋标兵、全国劳动模范李高峰，雷锋辅导过的学生、辽宁省雷锋研究会原会长陈雅娟，"雷锋班"第 25 任、第 26 任班长毕万昌、张阳等各界学雷锋代表作为讲师，从不同角度向街道、社区干部、居民等介绍雷锋的事迹，宣传雷锋精神的力量。

体育馆路街道充分发挥"红砖阵地"党群服务中心辐射作用，引导各领域党员、"两新"党员、群团组织、统战对象参与重点工作，在 2022 年、2023 年"三级联创"工作中获评"五个好"党工委荣誉称号；坚持党建引领，聚焦居民诉求，加快推进街区更新，

拆除违法建筑，城市面貌焕然一新；紧盯"一条热线"、两个"关键小事"，接诉即办、垃圾分类、物业管理成绩名列前茅；做大做强"足球之家"、迷你马拉松、体育文化节等赛事活动品牌，围绕"七有""五性"要求，抓好养老、住房保障等工作，不断提升人民群众获得感。

通过持续弘扬雷锋精神深化基层治理，体育馆路街道发生了可喜的"八个转变"。一是社会矛盾减少，邻里关系更加和谐。二是践行"三见三用"工作法，干部工作作风更加扎实。三是党员干部找到了人生所向、价值所在。四是党群关系更加融洽。五是聚合为民办实事的能量，凝聚力更强。六是党员干部凝心聚力，同奏一首曲，同唱一首歌，队伍更有战斗力。七是党员干部都争做"永不生锈的螺丝钉"，大局意识更强。八是有了中国共产党人精神谱系的动力之源，党员干部增强了制度自信。

在雷锋精神引领基层治理过程中，体育馆路街道形成了宝贵的"十条经验"。一是形成"见人见事见面、用心用情用力"的"三见三用"工作法。把居民的事当作自己的事来办，坚持上门了解、见面问需。二是推行"开门办公、来者不拒、照单全收、立即就办"的工作作风。街道领导、各科室和各社区的办公室随时对外开放。三是确保三条"干群连心线"24小时畅通。街道值班室、垃圾分类专班、各社区电话24小时畅通，确保为居民服务温暖"总在线"、守护"不打烊"。四是打造"雷锋讲堂"党群互动平台。"雷锋讲堂"每周四下午准时开讲，推动学雷锋活动融入日常、化作经常。截至2024年5月，线上线下参与人数逾7万人次。五是通过"汇聚平台"实现一屏观览全域、连线千家万户。"汇聚平台"系统及时更新社区各类信息，实现信息应用网络化、应急处置可视化。六是出台推进问题不出社区的"十九条"举措。将接诉即办工作成效纳入部门绩效、社区党委评价体系，基层治理基础不断夯实。七是形成"三级吹哨"机制，畅通"五级循环"系统。居民吹响"共治共享哨",社区吹响"排忧解难哨",街道吹响"攻坚克难哨";构建"五级循环"系统,小区、片区、矩阵、社区、街道五级协同解决问题,把问题矛盾化解在"早"、在"小"、在基层。八是构建"网格化管理,矩阵化治理"体系。将辖区分为27个矩阵,全体街道、社区干部"下沉"到矩阵,解决时空分离、层级壁垒和内外协调不畅等问题。九是培育雷锋式物业,开展"雷锋物业"挂牌工作,实行物业"红黑榜",街道物业考核指标在全区名列前茅。十是搭建"微心愿"平台,有效对接服务资源与需求,解决群众急难愁盼的"微心愿",赢得地区居民的高度赞誉。

在本书中,这些弘扬雷锋精神引领基层治理的转变和经验都有生动鲜活的案例。所取得的成绩离不开辖区单位的无私支持,也是每一位街道、社区干部和辖区居民倾注辛勤努力的结果。

立足新时代,奋进新征程。体育馆路街道弘扬践行雷锋精神的使命更加重大、舞台更加宽广。未来,我们将进一步弘扬雷锋精神,汇聚起地区干部群众上下齐心、甘于奉献的磅礴之力,不断提升基层治理水平,让雷锋精神薪火相传,常在常新,让雷锋精神在迈向党的第二个百年奋斗目标的新征程中永放光芒!

体育馆路街道党工委书记

前　言

2023年是毛泽东等老一辈革命家为雷锋同志题词60周年。习近平总书记指出，雷锋是时代的楷模，雷锋精神是永恒的。雷锋、郭明义、罗阳身上所具有的信念的能量、大爱的胸怀、忘我的精神、进取的锐气，正是我们民族精神的最好写照。实践证明，无论时代如何变迁，雷锋精神永不过时。60多年来，雷锋精神以其自身蕴含的无穷价值，持续产生深远的影响；60多年来，一代代中国人将雷锋视作道德榜样，伟大的雷锋精神在中华大地薪火相传。

雷锋精神与时代需求之间始终保持着内在联动。雷锋精神传承60余载，正值中国社会经历重要变革，基层治理结构和体系不断完善。基层治理是国家治理的重要基础和支撑，是国家治理的最末端，只有每个社会细胞健康活跃，整个国家才会朝气蓬勃。我们常说，社会治理的重点在基层，难点也在基层。同样的，社会治理的活力在基层，创新点也在基层。正如习近平总书记所言，一个国家治理体系和治理能力的现代化水平很大程度上体现在基层，要加强和创新基层治理，使每个社会细胞都健康活跃，将矛盾纠纷化解在基层，将和谐稳定创建在基层。基层不断涌现的社会治理理念和创新模式，对于推进国家治理体系和治理能力现代化有重要意义。

国之兴衰系于制,民之安乐皆由治。作为首都核心区的组成部分,体育馆路街道距离天安门 3.3 千米,辖区面积约 1.84 平方千米,设社区居委会 8 个,户籍人口约 4.4 万人,常住人口约 3.2 万人。辖区内有国家体育总局及其多个直属单位、全国性体育协会、天坛饭店等重点单位 150 个,教育机构 12 家,医疗机构 6 家,文创园区 6 处,体育文化特色鲜明,产业基础较好。然而,辖区北部仍然存在未能拆除的老旧平房区,南部老旧小区普遍存在基础设施差、停车难等问题,这些客观现实问题给基层治理带来了较大难度。为了进一步做好基层基础工作,体育馆路街道在中国式现代化的伟大实践中,坚持党建引领,大力弘扬雷锋精神,以雷锋精神启民智、凝民心、聚民力,以雷锋精神全方位引领基层治理,持续夯实基层治理基础,精心打造基层善治标杆,加强和创新基层治理,不断提高社会治理现代化水平,努力探索形成中国式现代化治理"体街模式"。

基层治理品牌、模式的诞生和发展不是一日之功,若想将法治与德治的"一针一线"穿引到市民的一言一行中去,榜样的力量非常重要,精神的代际传承和接续必不可少。近年来,体育馆路街道将雷锋精神这一中国共产党人精神谱系的重要坐标引入基层治理实践的方方面面,雷锋精神如同春雨沁人心脾,如同春风唤醒民智,推动辖区呈现出一幅人人参与、人人尽力、人人共享的画面,构建出一个"向上""向善""向前""向好"的美好家园。

新时代首都发展,要以首善标准干事创业。首都北京近年来在推进包括基层治理现代化在内的全面深化改革过程中,积累了诸多重要经验,打造了具有首都特点的社会治理模式。本书希望通过深入研究和剖析首都核心区街道基层治理现代化模式,进行理论提炼和案例分析,从而鲜活地展示体育馆路街道基层治理的生动实践和探索创新,为社会治理现代化的中国故事提供更多来自基层一线的经验素材。希望本书可以激励更多基层街道(乡镇)大胆探索实践,

为加快推进中国式现代化进程,实现基层治理能力现代化提供有重要参考价值的借鉴,为建设更高水平的国家治理体系现代化贡献基层智慧。

本书的写作是以街道、社区为主体进行中国式现代化治理模式研究的一次尝试,各个章节凝聚了撰写组全体成员的集体智慧。书中既有我们自己的探索,也有东城区在社会治理方面的深厚基础和创新实践,更有对其他地区基层优秀工作做法和成果的借鉴。本书写作过程中参考和引用的文献资料,尽可能以页下注的形式标出或在书后参考文献中列出,但仍难免有所遗漏,在此也向所有被参考和引用文献资料的作者一并表示衷心的感谢。同时,由于时间关系,加之撰写组水平有限,书中讹误之处恐难以避免,敬请读者不吝赐教。

目 录
contents

1	第一章	雷锋精神的形成背景和丰富内涵
4	第一节	从物质与精神的关系看雷锋精神
9	第二节	雷锋精神的形成背景
14	第三节	雷锋精神的丰富内涵
21	第二章	弘扬雷锋精神，助推中国式现代化、基层治理现代化
23	第一节	雷锋精神与中国式现代化
28	第二节	雷锋精神是中国共产党人精神谱系的重要坐标
32	第三节	雷锋精神是中华优秀传统文化的创造性转化和创新性发展
37	第四节	雷锋精神的"德治"功能
41	第五节	传承雷锋精神的时代意义
45	第三章	以雷锋精神推动接诉即办、未诉先办，实现问题不出社区
47	第一节	坚持党建引领，完善推动未诉先办工作顶层设计
51	第二节	形成"见人见事见面、用心用情用力"的"三见三用"工作法

IX

53	第三节	牢固树立"开门办公、来者不拒、照单全收、立即就办"的工作作风
54	第四节	坚持"100分钟工作法",加强与居民的沟通
55	第五节	以德治人,变对象为队伍
56	第六节	畅通脉络,实现"搭上线""通上电"

59　第四章　以雷锋精神探索基层治理模式创新和实践

61	第一节	深化矩阵治理模式
66	第二节	做实社区数据汇聚共享服务平台
70	第三节	搭建三条"干群连心线"
71	第四节	形成"三级吹哨"机制,畅通"五级循环"系统
74	第五节	建立矛盾纠纷化解"分级诊疗"体系
76	第六节	搭建"雷锋讲堂"平台,让雷锋精神浸润心灵

85　第五章　以雷锋精神汇聚经济社会高质量发展合力

86	第一节	"红砖阵地"创新区域化党建凝聚合力
90	第二节	全流程"紫金服务",持续优化营商环境
93	第三节	深化"疏整促",全面提升城市治理精细化水平
97	第四节	守望相助当先锋,共建共治保民生

102	第五节	以文助治,让居民更幸福
105	第六节	群众体育增活力,推动"体育+社区治理"融合发展
111	第七节	以人为本,全面推动政务服务暖民心
115	第八节	党建引领垃圾分类,红色基因注入绿色理念
120	第九节	践行雷锋精神,做新时代城市管理卫士
125	第十节	发挥群团桥梁纽带作用,助力地区治理体系建设

131	第六章 坚持共治共享,用"德治"引领社区"善治"	
132	第一节	西唐社区以"三亮三问"推动基层治理新模式
136	第二节	葱店社区"四心"工作法,小案件撬动大治理
138	第三节	雷锋精神与东厅社区治理
141	第四节	南岗子社区坚持党建引领接诉即办,提升为民服务品质
144	第五节	法华南里社区坚守初心暖民心
146	第六节	体育总局社区坚持红色领航,同心同行助力社区治理
149	第七节	依托"五力引航",四块玉社区打造"邻里共享家"
153	第八节	长青园社区积极打造未诉先办"长青样板"

157	第七章 学习雷锋精神，志愿服务蔚然成风
158	第一节 点亮"微心愿"，传递爱与温暖
161	第二节 雷锋志愿者和雷锋志愿服务队
163	第三节 雷锋志愿服务站和雷锋志愿服务岗
165	第四节 雷锋社工
170	第五节 雷锋企业
173	第六节 体育馆路街道学雷锋志愿活动综述

180	参考文献
183	后　记

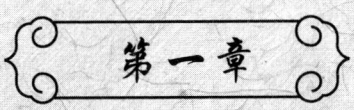

雷锋精神的形成背景和丰富内涵

> 我要做一个有利于人民、有利于国家的人。
>
> ——雷锋

伟大时代呼唤伟大精神,崇高事业需要榜样引领。回顾中国共产党走过的百余年历程,一代代中国共产党人带领中国人民顽强拼搏、团结奋斗,形成了一系列伟大精神,构筑起中国共产党人的精神谱系。这些伟大精神一脉相承、代代相传,引领着中国人民不断克服艰难险阻,为实现民族独立、人民解放、国家富强、人民幸福,为实现中华民族站起来、富起来、强起来提供了强大的精神动力。

党的十八大以来,党和国家事业取得历史性成就。习近平总书记在党的十九大报告中指出,经过长期努力,中国特色社会主义进入了新时代,这是我国发展新的历史方位。世界正处于百年未有之大变局,我国迎来新的发展机遇的同时,也面临着现实的挑战,这对国家治理提出了更高的要求。党的二十大报告指出,在社会基层坚持和发展新时代"枫桥经验",建设人人有责、人人尽责、人人享有的社会治理共同体,坚持大抓基层的鲜明导向。加强和创新社会治理既是国家治理的重要内容,也是新时代推进社会建设的重要任务。一个国家治理体系和治理能力的现代化水平很大程度上体现在基层,基层治理现代化是一项重要的基础性工作。为了提高基层治理现代化水平,积极发挥基层治理的正向作用,我们应该主动迎接挑战，推进全面深化改革，不断激发基层治理活力，提高群众的获得感、幸福感和安全感。

中国式现代化是物质文明和精神文明相互促进、相互协调的现代化。基层治理现代化的实现与发展必须以马克思主义理论为指导，结合我国国情和发展实践，找到适合我国实现基层治理现代化的新路径。深化和创新基层治理的关键在于人。中国共产党始终高度重视运用先进文化引领前进方向，用精神凝聚中华儿女实现中华民族伟大复兴的奋斗力量。在实现基层治理现代化的过程中，发挥精神的作用是我们必须要重视的课题。

一个民族、一个国家要实现安定、富强、和谐，必须有思想引领和榜样示范。社会主义物质文明和精神文明对国家的发展壮大起着重要作用，就像鸟的双翼、车的两轮一样，二者缺一不可，必须协调发展。在物质文明的基础上，精神文明为我国的发展壮大提供了强大的精神动力和智力支持。可以说，精神的力量是无穷的。

在推进基层治理现代化的过程中，我们要注重培育和弘扬社会主义核心价值观，加强道德教育和文化建设，提高人民群众的思想道德素质和文化素养。同时，要树立正确的人生观、价值观和世界观，引导人们树立正确的人生目标，追求真善美，培育积极向上的精神风貌。只有加强精神文明建设，提高人们的精神境界和道德水准，才能推动基层治理现代化的全面发展，为实现中华民族伟大复兴的中国梦提供强大精神支撑。

雷锋精神是中国共产党人精神谱系中的重要坐标，高度凝练了中华民族的传统美德，其所蕴含的爱党爱国精神、奉献精神、敬业精神、创新精神和创业精神，彰显了社会主义核心价值观的底色，滋养着一代代中华儿女的心灵。60多年来，雷锋精神以马克思主义为根本遵循，随着时代的发展，逐步成为一个精神象征和道德符号，对于促进社会主义精神文明建设、全面建成社会主义现代化强国、推进中国式现代化以及实现中华民族伟大复兴具有重要意义。实践证明，无论时代如何变迁，雷锋精神永不过时。

在深入探讨雷锋精神的永恒价值和时代内涵之前，首先需要明确雷锋精神到底是什么，它的起源以及其如何对基层治理现代化产生积极作用。中国式现代化是在马克思主义的指导下，紧密结合中国具体实际，始终坚持社会主义方向的现代化。因此，我们需要从马克思主义的基本问题——物质与精神的关系出发，深入探究60多年来雷锋精神如何成为推动社会主义精神文明建设的强大动力，进一步促进了社会治理的发展。

第一节　从物质与精神的关系看雷锋精神

一、物质是精神的基础

物质范畴是马克思主义哲学的基石，对于我们理解、运用马克思主义哲学的其他观点具有重大意义。

马克思在《关于费尔巴哈的提纲》中说："从前的一切唯物主义——包括费尔巴哈的唯物主义——的主要缺点是：对对象、现实、感性，只是从客体的或者直观的形式去理解，而不是把它们当做人的感性活动，当做实践去理解，不是从主观方面去理解。"① 物质是存在于人的意识之外的客观实在，它能够为人的感觉所反映。马克思这一观点揭示了物质的实践特性和社会性。

恩格斯在《自然辩证法》中提出："物、物质无非是各种物的总和，而这个概念就是从这一总和中抽象出来的。"② "我们面前的

---

① 中共中央马克思恩格斯列宁斯大林著作编译局. 马克思恩格斯选集：第1卷[M]. 北京：人民出版社，2012：133.
② 中共中央马克思恩格斯列宁斯大林著作编译局. 马克思恩格斯选集：第3卷[M]. 北京：人民出版社，2012：939.

物质是某种既有的东西,是某种既不能被创造也不能消灭的东西。"① 恩格斯对物质下的定义初步解释了马克思主义哲学物质范畴的含义,强调了物质范畴是一个抽象的概念,而非单纯的对各种具体物的叠加、概括。

列宁提出:"物质是标志客观实在的哲学范畴,这种客观实在是人通过感觉感知的,它不依赖于我们的感觉而存在,为我们的感觉所复写、摄影、反映。"② 列宁给出的"物质"的科学定义在理论上具有重大意义,集中表现在四个方面:它与唯心主义和二元论划清了界限,它与不可知论划清了界限,它克服了旧唯物主义观的缺陷,它是马克思主义理论体系的基石。

马克思主义哲学把不依赖于人的意识、并能为人的意识所反映的客观实在叫作物质,指明整个世界是客观存在的物质世界,世界的本质是物质。其中,"不依赖于人的意识"是指物质不由人的主观意志所决定,无论是人类出现以前,还是人类出现以后,它都以自己的方式客观存在着;"能为人的意识所反映"是指物质是可以被人认识的,物质具有可知性;"客观实在"即我们常说的客观实在性,是物质的唯一特性,是抽象概括出来的整个物质世界的共性,也是唯一能把物质和意识区分开来的特性。

二、精神是物质的升华

精神是指人的内心世界及其现象。唯物主义常将其当作"意识"的同义概念。包括思维、意志、情感等有意识的方面,也包括其他心理活动和无意识的方面。

---

① 中共中央马克思恩格斯列宁斯大林著作编译局. 马克思恩格斯选集:第3卷 [M]. 北京:人民出版社,2012:952.
② 中共中央马克思恩格斯列宁斯大林著作编译局. 列宁选集:第二卷 [M]. 北京:人民出版社,2012:89.

在哲学领域里，对精神的研究是黑格尔哲学的重要议题。黑格尔围绕这一议题撰写了《精神现象学》《精神哲学》《逻辑学》《自然哲学》等著作。在《精神现象学》中，黑格尔对精神的概念进行了阐述："意识所须进一步掌握的，关于精神究竟是什么的经验，——精神是这样的绝对的实体，它在它的对立面之充分的自由和独立中，亦即在互相差异、各个独立存在的自我意识中，作为它们的统一而存在：我就是我们，而我们就是我。意识在自我意识里，亦即在精神的概念里，才第一次找到它的转折点，到了这个阶段，它才从感性的此岸世界之五色缤纷的假象里并且从超感官的彼岸世界之空洞的黑夜里走出来，进入到现在世界的精神的光天化日。"①

马克思对黑格尔的"精神"的概念进行了批判，并在此基础上提出："精神的实质始终就是真理本身。"② 在马克思看来，精神是意识同物质结合的产物，是聚焦于现实的人感性实践的精神。

中国共产党从一开始就坚持以马克思主义为行动指南，把实现社会主义、共产主义作为奋斗目标。在同中国革命、建设、改革实际相结合的实践中，中国共产党人对精神的理解更加深入，并形成了中国化的马克思主义的精神实质内涵。毛泽东在《唯心历史观的破产》中指出："自从中国人学会了马克思列宁主义以后，中国人在精神上就由被动转入主动。"③ 党的二十大报告指出："从现在起，中国共产党的中心任务就是团结带领全国各族人民全面建成社会主义现代化强国、实现第二个百年奋斗目标，以中国式现代化全面推进中华民族伟大复兴。"④ 习近平总书记指出："人无精神则不立，

---

① 黑格尔. 精神现象学：上卷 [M]. 贺麟，王玖兴，译. 北京：商务印书馆，1979：122.
② 中共中央马克思恩格斯列宁斯大林著作编译局. 马克思恩格斯全集：第一卷 [M]. 北京：人民出版社，1995：111.
③ 毛泽东选集：第四卷 [M]. 北京：人民出版社，1991：1516.
④ 习近平. 高举中国特色社会主义伟大旗帜为全面建设社会主义现代化国家而团结奋斗：在中国共产党第二十次全国代表大会上的报告 [M]. 北京：人民出版社，2022：21.

国无精神则不强。精神是一个民族赖以长久生存的灵魂，唯有精神上达到一定的高度，这个民族才能在历史的洪流中屹立不倒、奋勇向前。"① 人民有信仰，国家有力量，民族有希望。有着强大精神支柱支撑的民族是不可战胜的。

中国共产党成立一百多年来，在伟大建党精神的激励下，一代又一代中国共产党人践行初心、担当使命，在中华民族伟大复兴历史征程中发挥了先锋模范作用。新征程上，需要充分发挥精神的生产、引领、塑造作用，用精神的德治功能推动中国式现代化。

三、物质与精神的关系

物质与精神的关系是哲学的基本问题。辩证唯物主义认为，物质是第一性的，精神或意识是第二性的。总的说来，物质的东西决定精神的东西。精神是物质世界的反映，但精神不是消极地而是能动地反映物质世界，在一定的条件下，精神能够能动地反过来对物质世界的发展起到巨大的作用。

物质和精神是互相区别的，也是互相联系、互相转化的。毛泽东在《人的正确思想是从哪里来的?》中提到："人们的社会存在，决定人们的思想。而代表先进阶级的正确思想，一旦被群众掌握，就会变成改造社会、改造世界的物质力量。"人们在社会实践中，无数客观外界的事物和现象通过人的感觉器官反映到头脑中，开始是感性认识，这种感性认识的材料积累多了，经过综合、整理和改造，就会变成理性认识。这个过程就使原来是客观外界的物质的东西变为人的主观世界的精神的东西，物质变为精神。

但是，人们认识世界不仅是为了懂得客观世界的规律性而能够解释世界，更重要的是以这种认识去能动地改造世界，并在改造世

---

① 习近平. 习近平谈治国理政：第二卷 [M]. 北京：外文出版社，2017：47-48.

界的实践中检验原来的认识是否合乎客观规律。当人们应用某一思想、理论、计划、方案等精神的东西到实践中去改造世界,并在实践中实现了预定的目标,这样就变主观的东西为客观的东西,精神变成了物质。毛泽东指出:"一个正确的认识,往往需要经过由物质到精神,由精神到物质,即由实践到认识,由认识到实践这样多次的反复,才能够完成。这就是马克思主义的认识论,就是辩证唯物论的认识论。"中国共产党在不断的探索和实践中协调物质与精神的关系,认为必须注重物质和精神的动态平衡,才能更好地推进中国式现代化。

与物质和精神相关的一对关系是社会存在和社会意识。马克思主义唯物史观认为,社会存在决定社会意识,社会意识对社会存在具有反作用。人们的生活条件、观念都不是一成不变的。中国特色社会主义进入新时代,我国社会主要矛盾已经转化为人民日益增长的美好生活需要和不平衡不充分的发展之间的矛盾。我国社会所弘扬的主流价值观、基层治理的观念、人民对美好生活追求的标准,都是社会意识中的一部分,随着时代发展影响着这个时代。着眼当下,要着力解决发展不平衡不充分的问题,弘扬传承中国共产党人的精神谱系,建设精神文明是一项重要举措。

物质富足、精神富有是社会主义现代化的根本要求。物质贫困不是社会主义,精神贫乏也不是社会主义。我们要不断厚植现代化的物质基础,不断夯实人民幸福生活的物质条件,同时大力发展社会主义先进文化,加强理想信念教育,传承中华文明,促进物的全面丰富和人的全面发展。现在,我国站上全面建成小康社会的新起点,开启了实现第二个百年奋斗目标新征程,以中国式现代化全面推进中华民族伟大复兴。这是一项伟大而艰巨的任务。这就要求我们要以更大决心、下更大力气推动物质文明和精神文明相互促进、协调发展。

第二节 雷锋精神的形成背景

一、雷锋同志生平简介

雷锋（1940年12月18日—1962年8月15日），中国人民解放军战士、共产主义战士。雷锋原名雷正兴，1940年12月18日，雷锋出生在湖南省长沙市望城县（现长沙市望城区雷锋镇）的一个贫苦农民家庭。在旧社会的压迫下，雷锋的亲人相继去世，当时年仅7岁的雷锋沦为孤儿，被亲戚收养。童年的他，饱经苦难，承受了深重的阶级压迫。

在这样的压迫下，雷锋挣扎着活了下来。1949年，中国人民解放军路过雷锋的家乡。雷锋看到解放军队伍不拿老乡的一针一线，还帮老乡扫地、打水、嘘寒问暖，心里就埋下了一颗要参军的种子。雷锋努力学习，1954年，加入中国少年先锋队。1956年从高小毕业后，雷锋在乡人民政府和中共湖南省望城县委员会做通讯员和公务员，被评为模范工作者。1957年2月，雷锋加入中国共产主义青年团，后参加治理沩水工程、团山湖农场和鞍山钢铁公司等建设工作，凭借其出色的表现多次被评为"劳动模范"和"先进生产者"。1960年，雷锋加入中国人民解放军和中国共产党。在党和人民军队的培育下他逐渐成长为一名坚定的共产主义信仰者，充满对党、人民和社会主义的热爱。他刻苦学习、奋发图强、勤俭节约、乐于奉献。他干一行爱一行，刻苦钻研，倾其一生在平凡的工作岗位上无私奉献，把有限的生命投入到无限的为人民服务之中去。他曾在日记中写道，"我要做一个有利于人民、有利于国家的人。"1962年8月15日，雷锋因公殉职。随着时代的发展，他的事迹和精神内涵不断丰富，流传至今。

二、早期雷锋精神

在湖南雷锋纪念馆的展柜里，静静地躺着一张泛黄的存款单，存入时间是 1960 年 6 月 18 日，定期半年，存款人是雷锋，这是雷锋一生中唯一的一张存款单。存款单上的 200 元，是雷锋从钢铁厂到部队一点一滴节约下来的。定期的半年时间还没到，1960 年 9 月 9 日那天，雷锋出差办事，看到人们在敲锣打鼓地庆祝辽宁省抚顺市望花区人民公社的成立，决定将这 200 元钱取出来给公社。他说："这钱是人民给我的，就让它为人民的事业发挥一点作用吧。"在雷锋的苦苦要求下，公社只好收下其中的 100 元钱。不久后，雷锋听闻辽阳地区遭受了百年不遇的特大洪水，他又把剩下的 100 元捐献给了灾区的人民。就这样，雷锋省吃俭用攒下来的 200 元，全部捐了出去。

后来，雷锋所在团连续收到两封地方来信，表扬雷锋给辽宁省抚顺市望花区人民公社和辽阳灾区捐钱。雷锋艰苦朴素，为了人民勤俭节约，积极支援社会主义建设的精神引起了沈阳军区的关注。1960 年 11 月，沈阳军区工程兵政治部开展了"学雷锋、赶雷锋运动"。12 月 1 日，沈阳军区《前进报》摘发了雷锋的 15 篇日记，这是雷锋日记首次公开发表，为各部队开展向雷锋同志学习提供了宝贵的材料。1962 年 8 月 15 日，雷锋因公殉职，他的事迹从沈阳军区开始走向全国。

三、雷锋精神从沈阳军区走向全国

1963 年 1 月 7 日，国防部批准命名雷锋生前所在部队运输连四班为"雷锋班"。"雷锋班"命名大会召开后，新华社和《人民日报》等全国主要媒体相继进行报道，介绍雷锋生前事迹。2 月 9 日，中国人民解放军总政治部发出通知，号召全军广泛开展宣传和学习雷锋的活动。《解放军报》《人民日报》《中国青年报》等报刊对雷锋英雄事迹和学雷锋活动进行了持续报道。

1963年2月22日，毛泽东同志应《中国青年》编辑部的请求，为《中国青年》"学习雷锋同志专辑"题词"向雷锋同志学习"。毛主席在题词前，就已经阅读了报纸上有关雷锋的报道，了解了雷锋的故事。毛主席曾对他的秘书林克说："学雷锋不是学他哪一两件先进事迹，也不只是学他的某一方面的优点，而是要学他的好思想、好作风、好品德；学习他长期一贯地做好事，而不做坏事；学习他一切从人民的利益出发，全心全意为人民服务的精神。当然，学雷锋要实事求是，扎扎实实，讲求实效，不要搞形式主义。不但普通干部、群众学习雷锋，领导干部要带头学，才能形成好风气。"这指明了学习雷锋活动的实质与弘扬雷锋精神的方向。

1963年3月2日，《中国青年》"学习雷锋同志专辑"正式出版，刊发了由毛泽东同志题写的"向雷锋同志学习"的题词。3月5日，《人民日报》等各大报纸都转载了这一题词，此后每年的3月5日就成为"学雷锋日"。刘少奇、周恩来、朱德、邓小平等老一辈革命家也曾为雷锋题词。周恩来同志题词"向雷锋同志学习憎爱分明的阶级立场，言行一致的革命精神，公而忘私的共产主义风格，奋不顾身的无产阶级斗志"。邓小平同志题词："谁愿当一个真正的共产主义者，就应该向雷锋同志的品德和风格学习。"

在毛泽东等党和国家领导人的积极倡导下，学雷锋活动迅速在全国范围内开展起来。各大报刊以大量篇幅报道和宣传雷锋的先进事迹。1963年3月19日到6月22日，解放军总政治部和共青团中央联合举办"雷锋模范事迹展览"，仅三个月就有来自全国各地80多万人参观。1963年4月，由解放军文艺出版社出版了《雷锋日记》，由解放军文艺出版社与辽宁春风文艺出版社同时出版了《雷锋的故事》。在国家图书馆和中国版本图书馆两个保藏当代出版物最完

备的国家书库中,从1961年到1966年,《雷锋日记》及其衍生的出版物共有50余种,这些出版物承载着雷锋的事迹和思想,满足了全国人民学习雷锋的需求,也成为对雷锋的永久纪念。在抚顺、长沙等雷锋生前生活和工作过的地方,雷锋纪念馆相继建成,开展文物保护和革命教育工作。在各行各业、各条战线上也广泛开展了学雷锋活动,雷锋精神激发了广大人民群众艰苦奋斗、战胜困难的热情,涌现出大批学习雷锋的模范人物和先进集体,社会上形成了奋发图强、积极向上的精神风貌。

四、改革开放后的学雷锋热潮

改革开放初期,学雷锋活动迎来了新的发展趋势和轨迹,成为群众性精神文明创建活动的重要内容与载体。1978年12月24日,首都青少年举行"学雷锋树新风活动日"活动,上百万青少年开展多种形式的活动,由此揭开了学雷锋、树新风活动的序幕。中央逐步在全国推行精神文明建设活动。1981年2月,全国总工会、共青团中央等九家单位联合发出《关于开展文明礼貌活动的倡议》,"学雷锋、树新风"等活动纳入以"五讲四美"为主要内容的文明礼貌活动。1983年继续开展"五讲四美三热爱"活动,组织群众特别是青少年开展"雷锋就在我身边""争做八十年代的雷锋"等活动,推动了学雷锋活动的广泛深入开展。

在这一时期,雷锋精神得到了进一步的发展和扩充。各地在深入学雷锋的同时,还积极学习身边的英雄模范。雷锋精神已经成为雷锋和雷锋式的先进人物的崇高思想和优秀品质的结晶,已经成为热爱祖国、热爱社会主义、热爱党,坚定共产主义信念,树立全心全意为人民服务的思想,发展人与人之间团结友爱互助的社会主义新型关系的象征,从而使得学雷锋活动与立足岗位的现实生活更加贴近,与改造人的主观世界紧密结合。学雷锋活动从一种带有一定模仿性的群众性活动，逐步发展成有组织有领导的全民性活动，成为社会主义精神文明建设的重要载体和形式。

1989年7月，《中共中央关于加强宣传、思想工作的通知》发布，对如何加强和改进新形势下的思想政治工作作出指示。1990年3月，在毛泽东同志发出"向雷锋同志学习"的号召二十七周年纪念日，全国各大报刊刊登了江泽民等党和国家领导人号召向雷锋学习的题词，号召全国人民在新形势下继续向雷锋同志学习，进一步弘扬雷锋精神，为建设有中国特色的社会主义而努力。1990年10月，江泽民同志在接见"雷锋团"干部战士时指出，雷锋精神的实质，是全心全意为人民服务，为了人民的事业无私奉献。这为新形势下推动雷锋精神深深扎根群众提供了指引。1993年，在纪念毛泽东等老一辈革命家为雷锋同志题词三十周年大会上，胡锦涛同志指出，一个群众性的活动，能够在几十年历史进程中延续不断，影响一个时代的社会风尚，这表明雷锋精神对于我们这个民族和社会过去具有、现在仍然具有重大价值和时代意义。

20世纪90年代，学雷锋活动的重点是"在岗位上体现出奉献精神"，表现为"岗位学雷锋，行业树新风"。全国各地、各条战线、各个岗位涌现了一批雷锋式的先进典型。援藏干部孔繁森、抗洪英雄李向群、勇斗歹徒的军人徐洪刚、水电维修工徐虎、售票员李素丽等，让人们见证了雷锋就在身边。随着志愿服务概念引入中国，志愿精神与"学雷锋做好事"契合，雷锋精神以志愿服务的形式延续和弘扬。1993年，共青团组织开展了"青年志愿者学雷锋奉献日"活动。2000年，共青团中央、中国青年志愿者协会将"中国青年志愿者服务日"定在3月5日。各种形式的志愿服务发展迅速，参与到扶弱助残、文化文艺、教育科技、卫生环保、法治宣传等各领域，成为推动现代化建设的重要力量。

这一阶段，党中央把学习雷锋精神作为弘扬社会主义核心价值体系的重要内容，采取措施推动学习活动常态化，进一步夯实学雷

锋活动的群众基础。学雷锋活动强化价值引领和思想共识，着眼于公民思想道德素质和社会文明程度提升。2012年3月，中共中央办公厅印发《关于深入开展学雷锋活动的意见》，把雷锋精神概括为热爱党、热爱祖国、热爱社会主义的崇高理想和坚定信念，服务人民、助人为乐的奉献精神，干一行爱一行、专一行精一行的敬业精神，锐意进取、自强不息的创新精神，艰苦奋斗、勤俭节约的创业精神。鞍山钢铁集团的职工郭明义，就是这一时期学习践行雷锋精神的优秀代表，被授予"当代雷锋"称号，社会上广泛掀起"跟着郭明义学雷锋"的热潮。

党的十八大以来，习近平总书记对弘扬雷锋精神作出一系列重要论述，指导推动新时代学雷锋活动不断拓展内容、创新形式、丰富载体。2019年7月23日，习近平致中国志愿服务联合会第二届会员代表大会的贺信中指出："希望广大志愿者、志愿服务组织、志愿服务工作者立足新时代、展现新作为，弘扬奉献、友爱、互助、进步的志愿精神，继续以实际行动书写新时代的雷锋故事。"2023年2月，习近平对深入开展学雷锋活动作出重要指示："新征程上，要深刻把握雷锋精神的时代内涵，更好发挥党员、干部模范带头作用，加强志愿服务保障和支持，不断发展壮大学雷锋志愿服务队伍，让学雷锋在人民群众特别是青少年中蔚然成风，让学雷锋活动融入日常、化作经常，让雷锋精神在新时代绽放更加璀璨的光芒，为全面建设社会主义现代化国家、全面推进中华民族伟大复兴凝聚强大力量。"这一阶段，涌现出一批又一批雷锋式先进集体和模范人物，为新时代伟大变革注入不竭精神动力。

第三节　雷锋精神的丰富内涵

雷锋精神是以雷锋同志的姓名命名、以雷锋的品质和情怀为内蕴、以全心全意为人民服务为实质和核心、在时代实践中不断丰富和发展、为人们所敬仰和追求的一种红色精神。它是对雷锋积极进取、艰苦奋斗、勤俭节约、爱岗敬业、尽职尽责、乐于助人、甘于奉献等言行和事迹所表现出来的先进思想、高尚品德、优良作风与模范行为的理论概括和境界升华，体现了中华民族的传统美德，顺应了社会进步的时代潮流，彰显了中国共产党人的先进本色，内涵丰富、意义深刻。

关于雷锋精神的内涵，多年来有多种表述，不尽相同，但实质是一脉相承的。2012年3月，中共中央办公厅印发的《关于深入开展学雷锋活动的意见》中指出："要大力弘扬雷锋热爱党、热爱祖国、热爱社会主义的崇高理想和坚定信念，弘扬雷锋服务人民、助人为乐的奉献精神，弘扬雷锋干一行爱一行、专一行精一行的敬业精神，弘扬雷锋锐意进取、自强不息的创新精神，弘扬雷锋艰苦奋斗、勤俭节约的创业精神。"目前，一般以此为据，阐述雷锋精神的内涵。

一、 热爱党、热爱祖国、热爱社会主义的崇高理想和坚定信念

热爱党、热爱祖国、热爱社会主义，是雷锋的崇高理想、坚定信念和人生支柱，在雷锋精神中居于首位。通过《雷锋日记》可见雷锋的思想境界。雷锋在1960年8月20日的日记中写道："我就是长着一个心眼，我一心向着党，向着社会主义，向着共产主义。"[①] 雷锋精神是对我们党的性质和宗旨、初心和使命的诠释和彰显。在短暂的辉煌人生中，雷锋自觉地把个人追求同党的事业、国

---

① 本书中雷锋同志的生平及《雷锋日记》引文，主要依据《雷锋日记》（解放军文艺出版社）、《雷锋日记》（哈尔滨出版社）等资料整理、筛选而成。

家命运和民族前途结合起来，舍己为公、无私奉献，竭力为祖国的繁荣发展贡献智慧和力量，实现了自我价值与社会价值的有机统一。这是雷锋精神经久不衰的灵魂所在。

雷锋在1959年8月30日的日记中写道："党和领导叫怎样去做，就不折不扣地按党的指示去做。这样，就是有再大的困难，也有办法克服；再艰巨的任务，也能完成……党的声音，就是人民的声音。听党的话，就会开放出事业的花朵！"在1961年8月3日的日记中他再次表态："我要坚决听党的话，一辈子跟着党走，认真贯彻党的方针政策，对党有利的话，有益的事，我要多说、多做；对党不利的话，没有益的事，我坚决不说、不做。我要全心全意为人民服务，永生为伟大的共产主义事业而奋斗。"他还在1962年4月4日的日记中写道："我觉得一个革命者活着就应该把毕生精力和整个生命为人类解放事业——共产主义全部献出。我活着，只有一个目的，就是做一个对人民有用的人。"雷锋的心声和誓言，写在日记里，刻在心坎上，印在生活上，体现在行动中，雷锋是值得我们永远学习的光辉榜样。

二、服务人民、助人为乐的奉献精神

雷锋精神就是以服务人民为最大幸福、以帮助他人为最大快乐。全心全意为人民服务，是雷锋精神的实质和核心，是雷锋精神能够永葆旺盛生命力与活力的源泉和动力，是雷锋精神最深刻的内涵和最鲜明的特质。雷锋在1961年10月3日的日记中写道："当祖国和人民处在最危急的关头，我就挺身而出，不怕牺牲。生为人民生，死为人民死。"他还在1961年10月20日的日记中写道："人的生命是有限的，可是，为人民服务是无限的，我要把有限的生命，投入无限的为人民服务之中去。"这段话，后来成为千千万万有志青年的座右铭。据统计，在《雷锋日记》及雷锋留存的文字中，"人民"

一词出现过100多次。雷锋心里永远装着人民，倾其全力无私奉献。

雷锋做好事，都是自觉自愿、随时随地的，有人评价他是"永不停歇地助人为乐"。从他1961年10月15日的日记中可见一斑："今天是星期日，我没外出，给班里的同志洗了五床褥单，帮高奎云战士补了一床被子，协助炊事班洗了六百多斤白菜，打扫了室内外卫生，还做了些零碎事……今后还应该多做一些日常的、细小的、平凡的工作，少说漂亮的话。"实际上，雷锋最被人们称颂并且被大家学习效仿的，恰恰就是这两点：一是做平凡的小事；二是甘当无名英雄。在雷锋之前，人们总是把"英雄"同枪林弹雨、视死如归联系在一起，自从有了雷锋，人们更加懂得了什么是平凡中的伟大、小事中的功德。

三、干一行爱一行、专一行精一行的敬业精神

服从分配、不怕苦累、爱岗敬业、扎实肯干，干一行爱一行、专一行精一行，任劳任怨、精益求精，以高度的责任心和使命感对待自己的本职工作，在平凡的岗位中创造出不平凡的业绩，为国家和社会发展多做贡献，是雷锋精神在工作上的生动体现。这也是雷锋常说的"螺丝钉"精神。他在1962年4月17日的日记中写道："一个人的作用，对于革命事业来说，就如一架机器上的一颗螺丝钉……螺丝钉虽小，其作用是不可估计的。我愿永远做一个螺丝钉。"

雷锋生前在多地干过多种岗位的工作，是名副其实的"工农兵"。他当过农民，参加过土地改革、征收公粮、治沩工程、农场劳动，做过钢厂工人、焦化厂工人等，曾担任乡政府通讯员、县委公务员、拖拉机手、推土机手、部队汽车驾驶员等。他在工作上从不挑肥拣瘦，而是干一行爱一行、专一行精一行，在每个岗位上都作出了突出成绩。任运输连四班班长后，他反复研究，很快制定了

"四勤、三先、五不超、六不走、九慢"的安全行车措施，使全班在山区的复杂路况下安全行车26000千米，无事故发生。仅在部队两年多时间里，雷锋就相继荣立二等功1次、三等功2次，受团、营嘉奖多次，先后被评为学习毛主席著作积极分子、五好战士、节约标兵、少先队优秀辅导员、模范共青团员、模范共产党员、抚顺市人民代表等，出席沈阳军区首届共青团代表会议，被选为主席团成员并在大会上发言。

四、锐意进取、自强不息的创新精神

雷锋刻苦学习、积极进取、努力钻研、精益求精的创新精神，备受人们推崇。创新并非一件容易的事情，雷锋不仅是一个脚踏实地的实干家，还总是把工作作为一种无穷的动力，不断通过学习丰富自己、提升自己，在自己的工作领域不断取得创新。他在1959年10月25日的日记中写道："真正的青春，只属于这些永远力争上游的人，永远忘我劳动的人，永远谦虚的人。"

雷锋入伍后在新兵连进行三个月的科目训练时，由于个子矮、体质弱、臂力小，投掷是他的弱项，但他抓紧一切时间和机会刻苦训练，并多次主动向战友请教，最终成绩达到优秀。成为汽车驾驶员后，由于任务繁重，整天驾车东奔西跑，很难有时间学习，他就把书装在挎包里，随身携带。只要车一停，在没有其他工作时，雷锋就坐在驾驶室里如饥似渴地读书。每天晚上出车回来，他总要挤出一点时间学习，有时候在熄灯后他还找地方去看书。他在1961年10月19日的日记中写道："有些人说工作忙、没有时间学习。我认为问题不在于工作忙，而在于你愿不愿意学习，会不会挤时间。要学习的时间是有的，问题是我们善不善于挤、愿不愿意钻。一块好好的木板，上面一个眼也没有，但钉子为什么能钉进去呢？这就是靠压力硬挤进去的。由此看来，钉子有两个长处：一个是挤劲，一个是钻劲。我们在学习上，也要提倡这种'钉子'精神，善于挤和善于钻。"他总是千方百计地抓紧饭前、睡前、等车、坐车途中、电影开映前等点滴时间勤奋读书，用"学而不厌、锲而不舍"的"钉子"精神学习理论、钻研业务、提高技术、练就本领，不断丰富和更新自己的知识结构体系，自觉提升自身的综合素质和创新能力，勇于攻克一切难题，为祖国建设和发展添砖加瓦。

改革创新是新时代精神的核心，是当代中国人民精神风貌的集中写照，是激发社会创造活力的最强力量，体现为突破陈规、大胆探索、敢于创造的思想观念，体现为不甘落后、奋勇争先、追求进步的责任感和使命感，体现为坚韧不拔、自强不息、锐意进取的精神状态。雷锋精神与改革创新的时代精神紧密关联，是雷锋留给我们的宝贵经验和精神财富。

五、艰苦奋斗、勤俭节约的创业精神

苦干实干、不计报酬、勤俭节约、艰苦奋斗，是雷锋精神的突出特征，也是党的优良传统。雷锋经常说："在工作上，要向积极性最高的同志看齐；在生活上，要向水平最低的同志看齐。"

雷锋平时生活非常节俭，他的每件衬衣、裤子，每双袜子、鞋子和手套，都是补了又补，有的补丁还是五颜六色的。一件印有"治沩模范"字样的有多处补丁的绒衣，他穿了多年。使用的搪瓷脸盆和漱口杯，搪瓷几乎掉光了，黑色的铁皮"疤痕"一块一块地露出来，他也舍不得买新的。他把平时从外面捡来的边角料、螺丝钉、螺丝帽、钉子、铁丝、纽扣、旧皮革、牙膏皮、擦车布、破手套等，都存放在他自制的小木箱里，随时备用。有段时间，他负责出车给建筑工地运送水泥，发现每次车厢里都会因水泥袋破损而洒落一点水泥。他就把洒落的水泥扫到一起积攒起来，积少成多，等运送任务结束时，他和战友清扫积攒的水泥竟有两千多斤。

雷锋去世后留下的10件特别遗物可以见证他的一贯节俭。这些被称为雷锋"传家宝"的遗物分别是：读过的《毛泽东选集》第一至四卷，驾驶过的13号汽车，用过的冲锋枪，训练用过的手榴弹，雨夜送大娘回家时穿过的雨衣，木制的节约箱，任校外辅导员时戴过的红领巾，理发工具，针线包，外出时装学习用品的挎包。雷锋的勤俭节约作风和艰苦奋斗精神，在今天仍不过时，依然具有深刻的教育意义和深远的时代价值。

上述五个方面诠释了雷锋精神的时代内涵，其中，集体主义精神是雷锋精神的重要内涵。"力量从团结来，智慧从劳动来，行动从思想来，荣誉从集体来"，这是历经时代的动荡，在社会主义土壤里萌生的集体主义精神。雷锋始终认为只有把自己当作集体中默默的一分子才能真正发挥个人对集体的作用。他认为，一朵鲜花打扮不出美丽的春天，一个人先进总是单枪匹马，众人先进才能移山填海。

集体主义，也就是团队意识。尤其对于一个国家而言，团结就是力量，只有众志成城，把国家和集体的利益放在第一位，才能营造一个更和谐的社会。《学习雷锋好榜样》中有句歌词是"集体主义思想放光芒"，体现的就是人们一心为集体的精神。党的二十大报告中提出："广泛践行社会主义核心价值观……弘扬以伟大建党精神为源头的中国共产党人精神谱系……深入开展社会主义核心价值观宣传教育，深化爱国主义、集体主义、社会主义教育，着力培养担当民族复兴大任的时代新人。"

集体荣誉感能产生巨大的"向心力"，是激励人们改正缺点、积极向上、战胜困难的无形力量。当今社会是一个高速向前发展的社会，世界多极化、经济全球化、文化多样化、社会信息化的发展和我国市场经济改革进一步深入，我们要警惕拜金主义、享乐主义、个人主义等的滋生，需要时刻培养、保持强烈的集体主义思想。不断增强集体凝聚力是推动我们这个时代发展不可或缺的意识形态基础。

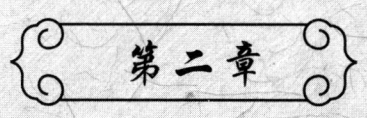

第二章

弘扬雷锋精神,助推中国式现代化、基层治理现代化

> 我就是长着一个心眼,我一心向着党,向着社会主义,向着共产主义。
>
> ——雷锋

雷锋用他短暂的生命,为党和人民写出了壮丽的人生诗篇,树起了一座道德丰碑,成为全国人民学习的光辉榜样。雷锋"一心向着党,向着社会主义,向着共产主义",体现了热爱党、热爱祖国、热爱社会主义的崇高理想和坚定信念;雷锋立志"做一个对人民有用的人",体现了服务人民、助人为乐的奉献精神;雷锋甘当一颗永不生锈的"螺丝钉",坚守在平凡岗位上,作出了不平凡的事迹,体现了干一行爱一行、专一行精一行的敬业精神;雷锋通过学习钻研,不断地丰富和提升自己,体现了锐意进取、自强不息的创新精神;雷锋"不乱花一分钱,不乱买一寸布,不掉一粒粮,做到省吃俭用,点滴积累,支援国家建设",体现了艰苦奋斗、勤俭节约的创业精神……雷锋身上所具有的坚定的信念、大爱的胸怀、忘我的精神、进取的锐气,正是中华民族精神的集中体现。他用生命诠释了奉献、服务、创新和奋斗的价值观,为后世树立了崇高的道德标杆。

在过去的60多年里,雷锋的事迹在祖国大地处处传颂,学雷锋活动在全国各地蓬勃开展,雷锋精神在广大干部群众中广为传扬。在雷锋精神的感召下,一代又一代中国人奋发向上、忘我奉献,涌现出众多学雷锋的先进典型、道德模范、感动中国人物等，产生了广泛而深远的社会影响。雷锋，已成为无数个好人、模范、标兵、志愿者、英雄、榜样共同的名字。雷锋的思想、品德、作风和奉献精神，彰显了中国共产党人的先进本色和为人民服务的宗旨，为新时代的伟大变革和中国式现代化进程注入了不竭的精神动力。

第一节　雷锋精神与中国式现代化

概括提出并深入阐述中国式现代化理论，是党的二十大的一个重大理论创新，是科学社会主义的最新重大成果。基层党组织是贯彻落实党中央决策部署的"最后一公里"。如何在世界百年未有之大变局的大背景下勘定中国式现代化的历史坐标和历史方位，推动中国式现代化的理论和实践创新，以基层治理现代化助推中国式现代化，是需要我们长期探索解决的问题。在马克思主义的指导下，充分发挥精神文明建设的作用推动社会发展建设，是实现国家富强的重要途径。

雷锋精神是中国共产党人精神谱系的一个重要坐标，是社会主义核心价值观的生动体现。雷锋精神具有顺应实践要求的时代气质，其团结友爱、与人为善的核心内涵反映了世界和平与发展的时代主题；雷锋精神具有追求美好未来的崇高境界和超越性指向，蕴含着高尚的人格和操守，彰显着共产主义的崇高目标；雷锋精神以马克思主义为根本遵循，具有科学的思想理论基础；雷锋精神具有鲜明的人民立场，"全心全意为人民服务"是雷锋精神的实质，更是贯穿雷锋精神内涵的主线。可以说，雷锋精神的时代内涵与党的二十大报告中全面阐述的中国式现代化的本质要求是完全一致的。

弘扬雷锋精神要坚定不移地坚持党的全面领导，坚持以人民为中心的发展思想。60多年来，雷锋的名字家喻户晓，雷锋的事迹深

入人心，雷锋精神滋养着一代代中华儿女的心灵。新时代坚持和发展中国特色社会主义的实践要求需要雷锋精神，将雷锋精神引入社会治理实践的方方面面，以雷锋精神的"德治"教化之力，筑牢基层政府"善治"之基，对提高社会治理现代化水平，助推中国式现代化具有时代意义。

一、什么是中国式现代化

2023年，是全面贯彻落实党的二十大精神的开局之年。党的二十大精神博大精深、内涵丰富，其中，中国式现代化理论是党的二十大的一个重大理论创新。2023年2月7日，在新进中央委员会的委员、候补委员和省部级主要领导干部学习贯彻习近平新时代中国特色社会主义思想和党的二十大精神研讨班的开班式上，习近平总书记发表重要讲话，强调中国式现代化是我们党领导全国各族人民在长期探索和实践中历经千辛万苦、付出巨大代价取得的重大成果，我们必须倍加珍惜、始终坚持、不断拓展和深化。

中国式现代化，是中国共产党领导的社会主义现代化，既有各国现代化的共同特征，更有基于自己国情的中国特色。中国式现代化的本质要求是坚持中国共产党领导，坚持中国特色社会主义，实现高质量发展，发展全过程人民民主，丰富人民精神世界，实现全体人民共同富裕，促进人与自然和谐共生，推动构建人类命运共同体，创造人类文明新形态。

党的二十大报告明确概括了中国式现代化的五大特色，即中国式现代化是人口规模巨大的现代化，是全体人民共同富裕的现代化，是物质文明和精神文明相协调的现代化，是人与自然和谐共生的现代化，是走和平发展道路的现代化，深刻揭示了中国式现代化的科学内涵。

中国式现代化是人口规模巨大的现代化。迄今为止，世界上实现现代化的国家和地区总人口不超过 10 亿人。中国 14 亿多人口要整体迈入现代化社会，无先例可循，在人类历史上是一件有深远影响的大事。中国式现代化着力破解了人类社会发展的诸多难题，这既是对我国社会主义现代化建设长期探索和实践的科学总结，更是对世界现代化理论的重大丰富和发展。

中国式现代化是全体人民共同富裕的现代化。共同富裕是中国特色社会主义的本质要求，也是一个长期的历史过程。但实现共同富裕并非易事。中国是世界上人口最多、最大的发展中国家。区域发展不平衡问题依然突出。因此，中国式现代化必须全面统筹，具有中国特色，且符合中国的实际。

中国式现代化是物质文明和精神文明相协调的现代化。物质贫困不是社会主义，精神贫乏也不是社会主义。中国在实现经济发展和社会进步的同时，也在促进人的全面发展。

中国式现代化是人与自然和谐共生的现代化。绿水青山就是金山银山，这是中国在现代化建设征程中秉持的一个理念。人与自然和谐共生是中国式现代化的重要特征。为了实现人与自然和谐共生的目标，新时代十年，我国单位国内生产总值二氧化碳排放下降 34.4%。

中国式现代化是走和平发展道路的现代化。中国摒弃了西方以资本为中心的现代化、两极分化的现代化、物质主义膨胀的现代化、对外扩张掠夺的现代化老路，高举和平、发展、合作、共赢旗帜，在坚定维护世界和平与发展中谋求自身发展，又以自身发展更好地维护世界和平与发展。

中国式现代化明确要实现"全体人民共同富裕""人与自然和谐共生"，把提高和改善人民生活作为现代化的根本目的；中国式现代化的内涵体现着以人为本的终极目的，一切都是为全人类共同提高生活水平、改善生活环境和谋生途径，这在世界现代化的一般内涵中是从未有过的。

二、中国式现代化的中国特色

现代化是一个全球性现象，是人类社会在政治、经济、社会、文化等方面的全方位转型。党的二十大报告指出："中国式现代化，是中国共产党领导的社会主义现代化，既有各国现代化的共同特征，更有基于自己国情的中国特色。"中国式现代化的内涵体系，既包含世界现代化的一般性，也凸显了中国式现代化的独特性。

中国式现代化与世界现代化存在发展变革、制度变革、价值引领、和谐共生、全球开放的共性。但是，不同国家的初始条件、制约因素不同，现代化的方式和特征也不一样。中国式现代化是中国共产党领导的社会主义现代化，中国式现代化的五大特色是由中国特色社会主义道路的性质决定的。中国式现代化的实现不断彰显着中国特色社会主义道路的优越性和先进性。

三、中国式现代化呼唤精神文明建设

现代化的本质是人的现代化。一个民族要在历史洪流中屹立不倒、挺立潮头，就必须做到人民精神世界极大丰富，民族精神力量不断增强。党的二十大报告明确指出："中国式现代化是物质文明和精神文明相协调的现代化。物质富足、精神富有是社会主义现代化的根本要求。"这对中国式现代化的本质特征作出了深刻阐释，特别强调了中国式现代化要求物质文明和精神文明协调发展。党的二十大报告又进一步指出，丰富人民精神世界是中国式现代化的本质要求之一。这两段重要论述充分体现了中国共产党对中国式现代化的深刻认识，彰显了对丰富人民精神世界的高度政治自觉、理论自觉、实践自觉、思想自觉、价值自觉。因而中国式现代化要求丰富人民精神世界，就必须使每个人都能有获得丰富精神世界的权利和机会，丰富每个具体的、现实中的人的精神世界。由此可见，能成为丰富人民精神世界的精神，必须能够得到大众的认同，且具有可实践性。

习近平总书记在十八届中共中央政治局第一次集体学习时说："理想信念就是共产党人精神上的'钙'，没有理想信念，理想信念不坚定，精神上就会'缺钙'，就会得'软骨病'。"党和国家的优良传统之一就是理想信念坚定。也正如习近平总书记所说，人民有信仰，国家有力量，民族有希望。思想道德建设是精神文明建设的灵魂所在，也是实现"德治"的前提。要做到"德治"，就要端正人们的思想，坚定人们的信念，树立共同的理想信念。那么，如何丰富人民精神世界，如何以精神文明建设促进中国式现代化的实践，就是我们要思考的问题。

首先，必须选用本土化的思想来促进精神文明建设和中国式现代化实践。社会治理的主体是多元化的，它是政府、社会公众、社会组织、社会团体等对社会事务的合作治理。这一概念运用在我国的社会发展中，必须符合我国经济社会发展的特点，进行有中国特色的社会治理，这就要求我国的社会治理必须有一种中华儿女共同认可、能够产生共鸣的精神作为底色来指导实践，从而真正做到各类力量共同参与中国化、现代化的社会治理。

其次，必须选用延续性强的思想来促进精神文明建设和中国式现代化实践。塑造时代精神，离不开正确的价值观。正确的价值观是塑造时代精神的思想道德基础，同时也是时代精神的集中体现。习近平总书记指出，中国优秀传统文化的丰富哲学思想、人文精神、教化思想、道德理念等，可以为人们认识和改造世界提供有益启迪，可以为治国理政提供有益启示，也可以为道德建设提供有益启发。传承和弘扬中华优秀传统文化，运用中华优秀传统文化的思维来发现问题、阐述问题、解决问题，能够为基层治理注入强大的本源力量，进而更加有力地彰显"文化自信"。同时，运用中华优秀传统文化解决问题也是现实的需要。进入新的发展阶段，我国经济社会发

展面临着各种不确定性与风险挑战，在基层治理领域表现尤为明显。传统文化注重激发人性的"善"作为"德治"的源泉，倡导和平友爱、见义勇为、大公无私、舍己为人等思想和行为，有利于将矛盾化解在萌芽状态，能够为基层治理提供更加丰厚的底蕴。

雷锋精神作为中国共产党人精神谱系的重要组成部分，既有中国共产党人精神谱系的一般性质，也有自己的特质。雷锋精神能够经历时代变迁，在今日依然历久弥新、充满活力，是因为它能够不断适应社会现实、走进大众生活、产生正面影响、赢得大众认同，从而潜移默化地影响着一代又一代人的价值观念，触动着一代又一代人的心灵世界。雷锋精神根植于中华优秀传统文化，由人民群众共同传承、弘扬、转化和创新。雷锋精神所包含的共同理想、政治信念、价值取向等，反映出广大人民群众的世界观、人生观、价值观，因而能被人民所理解、认同和学习，进而转化为生产生活的思维方式。可以说，雷锋精神因其特性而拥有了深厚的历史基础和群众基础，深深扎根于人民精神世界中，推动着中国式现代化的发展。

第二节　雷锋精神是中国共产党人精神谱系的重要坐标

雷锋精神是第一批纳入中国共产党人精神谱系的伟大精神，具有跨越时空的永恒魅力。雷锋精神生成于火热的社会主义建设时期，发展并贯穿于改革开放和社会主义现代化建设新时期以及中国特色社会主义新时代。雷锋精神具有丰富的时代内涵和独特的道德价值，是中华民族传统美德与共产主义光辉思想相结合的时代精神，具有深入人心的强劲力量。各时期产生的各类雷锋式人物、团体和事迹，都是雷锋精神哺育的结果，不断强化雷锋精神对时代的作用。弘扬雷锋精神有助于凝聚干部群众的思想意识，引导党员干部加强党性锤炼和党性修养，永葆中国共产党人的政治本色；弘扬雷锋精神有助于激发人们的思想道德建设热情，引导人们做中华民族传统美德的传承者、社会主义道德规范的实践者、良好社会风尚的创造者，形成全社会共同的价值理想和价值遵循，筑牢全体人民团结奋斗的共同思想道德基础，全面助推中国式现代化建设。

一、中国共产党人的精神谱系

党的百年奋斗锻造了走在时代前列的中国共产党，形成了以伟大建党精神为源头的中国共产党人精神谱系。2021年9月，党中央批准了中央宣传部梳理的第一批纳入中国共产党人精神谱系的伟大精神共有46个，在中华人民共和国成立72周年之际予以发布。

习近平总书记指出："我们党的百年奋斗史表明，只有具有伟大精神的政党才能领导人民赢得伟大斗争、开创伟大事业。"党在百年奋斗中铸就的一系列伟大精神的内容特点，可以从四个阶段来考察。

一是新民主主义革命时期。这是艰苦卓绝的革命岁月。党团结带领人民进行新民主主义革命，无数共产党人抛头颅洒热血，用生命和鲜血谱写了可歌可泣的精神史诗，铸就了一系列光耀千秋的伟大精神，包括建党精神、井冈山精神、苏区精神、长征精神、遵义会议精神、延安精神、抗战精神、红岩精神、西柏坡精神、照金精神、东北抗联精神、南泥湾精神、太行精神（吕梁精神）、大别山精神、沂蒙精神、老区精神、张思德精神等。这一时期的革命精神，最鲜明的旋律是浴血奋战、百折不挠。无数革命先烈满怀崇高的革命理想和坚定的革命信念，用宝贵的生命和鲜血谱写了一曲曲英雄赞歌。

二是社会主义革命和建设时期。这是新中国建设困难重重、艰苦奋斗的年代，也是一个英雄辈出、斗志昂扬的年代。党团结带领人民进行社会主义革命和建设，铸就了一座座感天动地的精神丰碑，包括抗美援朝精神、"两弹一星"精神、雷锋精神、焦裕禄精神、大

庆精神（铁人精神）、红旗渠精神、北大荒精神、塞罕坝精神、"两路"精神、老西藏精神（孔繁森精神）、西迁精神、王杰精神等。这一时期的伟大精神，最鲜明的旋律是自力更生、发愤图强。为了建设新中国，中国人民在党的领导下，意气风发，投身社会主义建设，排除万难、忘我奋斗、艰苦创业，保卫祖国、建设祖国，充分证明了"同困难作斗争，是物质的角力，也是精神的对垒"。

三是改革开放和社会主义现代化建设新时期。这是中国实行改革开放、大踏步赶上时代发展的激情岁月。党团结带领人民解放思想、锐意进取，经济体制改革不断推进、经济总量不断增长、人民生活水平不断提高，孕育创造了一系列伟大精神，包括改革开放精神、特区精神、抗洪精神、抗击"非典"精神、抗震救灾精神、载人航天精神、劳模精神（劳动精神、工匠精神）、青藏铁路精神、女排精神等。这一时期的伟大精神，最鲜明的旋律是解放思想、锐意进取。中国人民在党的领导下，大胆地试、勇敢地闯，干出了一片新天地，绘就了一幅波澜壮阔、气势恢宏的历史画卷。

四是中国特色社会主义新时代。这是中华民族迎来了从站起来、富起来到强起来的伟大飞跃，实现中华民族伟大复兴进入了不可逆转的历史进程的时代。党团结带领人民统筹推进伟大斗争、伟大工程、伟大事业、伟大梦想，创造了新时代中国特色社会主义的伟大成就，锻造形成了一系列伟大精神，包括脱贫攻坚精神、抗疫精神、"三牛"精神、科学家精神、企业家精神、探月精神、新时代北斗精神、丝路精神等。这一时期的伟大精神，最鲜明的旋律是自信自强、守正创新。面对世界百年未有之大变局，以习近平同志为核心的党中央统筹推进"五位一体"总体布局、协调推进"四个全面"战略布局，党和国家事业取得历史性成就、发生历史性变革，脱贫攻坚战取得全面胜利，全面建成小康社会如期实现，全面建设社会主义现代化国家新征程成功开启，奏响了一曲曲气壮山河的精神赞歌。

习近平总书记指出："我们要建设的社会主义现代化强国，不仅要在物质上强，更要在精神上强。精神上强，才是更持久、更深沉、更有力量的。"中国共产党人的伟大精神如同一座座巍然耸立的精神灯塔，必须大力传承、代代相传，融入党员和人民群众的精神血脉中，用红色资源赓续红色血脉，用伟大精神激发昂扬斗志，用党的历史经验资政育人、凝聚力量，在新时代新征程上创造更加辉煌的业绩。

二、雷锋精神是中国共产党人精神谱系中的重要坐标

60多年来，经济社会环境发生了变化，雷锋精神也因其丰富内涵历久弥新，并产生了深远影响。雷锋精神蕴含的爱党爱国精神、奉献精神、敬业精神、创新精神和创业精神，哺育和激励了一代又一代人成长，滋养着中国人的心灵。不仅仅是在中国，雷锋精神早已走出国门、走向世界，其中蕴含的崇高道德和热血奉献是人类共同的价值追求，给各国人民以持续不断的美好的精神影响。据不完全统计，世界上有50多个国家用外文翻译出版了《雷锋日记》《雷锋诗文集》。韩国、日本、英国、美国等国家都有"学雷锋小组"在常年活动，其中韩国还成立了"雷锋研究会"。20世纪80年代，美国西点军校招生简章上，一幅图片展示课堂黑板上贴有一张雷锋画像。2004年7月28日，西点军校教官马科斯和6名学员，专程访问了抚顺市雷锋纪念馆。2014年2月22日，美国陆军参谋长奥迪尔诺将军访华时，中方请他选一个陆军部队参观，他专门挑选了雷锋生前所在团。在参观沈阳军区雷锋纪念馆后，奥迪尔诺在留言簿上评价说："这是一支专业的、值得骄傲的、为人民服务的部队。"由此可见，雷锋精神在美国也有一定的影响力。

从中国共产党人的精神谱系视角看，雷锋精神的本质内涵与共产党人对党和人民忠诚、为真理而战、不怕牺牲、英勇奋斗的精神所契合，因而可以帮助我们进一步认识、传承中国共产党人的精神谱系。

雷锋精神体现了中国共产党人的品质与中华传统美德，具有鲜明的符号意义。雷锋精神与不断发展的经济社会相契合，与每一个阶段的社会实践高度关联，成为民族和时代的集体记忆，化作精神符号，在中国共产党人精神谱系中成为重要坐标。

基于此，必须进一步增强弘扬雷锋精神的力度，让雷锋精神和其他精神载体交融发展，发挥相辅相成的作用。要通过学习雷锋精神，更深入地理解中国共产党人精神谱系的丰富本质内涵。要通过传承精神谱系，弘扬雷锋精神，让雷锋精神更好地被大众理解、践行。要借助弘扬雷锋精神，推进中国共产党人精神谱系进一步理论化、系统化，为马克思主义中国化持续贡献力量。

第三节　雷锋精神是中华优秀传统文化的创造性转化和创新性发展

木无本则枯，水无源则竭。优秀传统文化是一个国家、一个民族的精神命脉，是繁荣发展的文化基因和精神价值。博大精深、博采众长、源远流长的中华优秀传统文化是中华民族最深沉的精神追求和独特的精神标识，对雷锋个人的成长产生了潜移默化的影响，也为雷锋精神的孕育提供了丰厚的沃土，成为雷锋精神的思想源泉。同时，雷锋精神对中华优秀传统文化也进行了创造性转化和创新性发展。

一、雷锋精神与爱国主义精神相契合

爱国主义是中华民族的传统美德，是全国各族人民共同的精神支柱。爱国主义精神深深植根于中华儿女心中，是中华民族的精神基因，维系着华夏大地上各个民族的团结统一，激励着一代又一代中华儿女为祖国繁荣而不懈奋斗。雷锋曾说："我们是国家的主人，

应该处处为国家着想。"雷锋把个人的命运与祖国的命运联系起来，把自己的人格与祖国的国格直接联系起来，正是雷锋精神中热爱党、热爱祖国、热爱社会主义的崇高理想和坚定信念与爱国主义精神相契合的体现。

在中国人的精神世界和传统文化中，个人与社会、家庭与国家，都是密不可分的整体。《礼记·大学》中写道："古之欲明明德于天下者，先治其国；欲治其国者，先齐其家；欲齐其家者，先修其身；欲修其身者，先正其心；欲正其心者，先诚其意；欲诚其意者，先致其知，致知在格物。物格而后知至，知至而后意诚，意诚而后心正，心正而后身修，身修而后家齐，家齐而后国治，国治而后天下平。自天子以至于庶人，壹是皆以修身为本。"可见，"修身"的最终目的和境界就是要"治国平天下"。在五千多年来的社会实践中，中华民族表现出了强大的生命力，正是因为爱国主义精神的优良传统时刻团结着中华儿女，以昂扬的斗志和不畏艰险、甘于奉献，甚至不惜牺牲个人的精神品质，积极应对各种困难和挑战，最终赢得胜利。

雷锋热爱党、热爱祖国、热爱社会主义，正是他深受爱国主义为核心的中华优秀传统文化影响的体现和升华。雷锋说，"我就是长着一个心眼，我一心向着党，向着社会主义，向着共产主义。"在短暂的辉煌人生中，雷锋自觉把个人追求同党的事业、国家命运和民族前途结合起来，舍己为公、无私奉献，竭力为祖国的繁荣发展贡献智慧和力量，实现了自我价值与社会价值的有机统一。雷锋一生都热爱党、热爱祖国、热爱社会主义，雷锋精神是对传统爱国文化的继承，更体现了中国共产党人的爱国主义情怀，与社会主义核心价值观同频共振，并且不断被雷锋式先进人物和群体进一步传承发扬，这是雷锋精神经久不衰的灵魂所在。

二、雷锋精神与群众路线相契合

"人的生命是有限的,可是,为人民服务是无限的。我要把有限的生命,投入无限的为人民服务之中去。"这是《雷锋日记》中脍炙人口的一段话。全心全意为人民服务是中国共产党的根本宗旨,是中国共产党人一切行动的根本出发点和落脚点。中国共产党作为马克思主义政党,创造和发展了马克思主义的群众观点,提出和坚持一切为了群众、一切依靠群众,从群众中来、到群众中去,把党的正确主张变为群众的自觉行动。群众路线是我们党的生命线和根本工作路线,是党的群众观点的具体化。中国共产党践行初心和使命,始终坚持人民至上、全心全意为人民服务。

雷锋时刻心怀祖国,心怀人民,作为党和人民的战士,忠于党、忠于人民,为党服务、为人民服务。他的一生都在践行自己的那句"人的生命是有限的,可是,为人民服务是无限的"。无论读书期间,还是工作期间,他都积极学习先进理论知识,同时发扬中华民族的传统美德,踏踏实实做人做事,以"人生在世,只有勤劳,发奋图强,用自己的双手创造财富,为人类的解放事业——共产主义贡献自己的一切,这才是最幸福的"的初心和使命激励和鞭策自己,投身火热的社会主义建设之中,投身为人民服务之中。

三、雷锋精神与爱岗敬业精神相契合

爱岗敬业是中华民族发展进程中极其重要的推动力,更是社会主义职业道德的集中体现。中华民族历来崇尚敬业精神,孔子多次向学生提到执事敬、事思敬、行笃敬,强调严肃认真、恭敬诚意、忠于职守的做事原则。爱岗敬业首先要做到"忠"其事,对所做的事情要抱着尊敬、重视的态度。光有态度,只想不做也不行,还要做到"勤","业精于勤，荒于嬉"；还要做到"专"，要做好一件事必须心无旁骛，不能好高骛远，而是专心致志地学习、钻研、实践、提升。

雷锋参加工作之后，始终坚持学习，以提升自己的理论和实践水平，向社会主义革命和建设中的先进典型学习。国家哪里有需要，他就到哪里去，当通讯员，当公务员，后来响应号召去当农民，学开拖拉机，在鞍山钢铁公司当重型推土机驾驶员，参军后苦练驾驶技术和杀敌本领，他始终是勤勤恳恳工作。不论在什么岗位，他总是选择在最艰苦的地方贡献力量，并且任劳任怨、不计回报。雷锋在平凡的岗位上，干一行爱一行、专一行精一行，在点滴中练就爱岗的"傻子"精神和敬业的"螺丝钉"精神，这也是雷锋精神形成的道德基础和集中反映。

四、雷锋精神与工匠精神相契合

在中国传统文化语境中，工匠是对所有手工艺（技艺）人的称呼，如瓦匠、木匠、钟表匠等。庖丁、鲁班就是中国古代工匠杰出的代表。工匠精神是从业人员的价值取向和行为追求，是在一定人生观影响下的职业思维、职业态度和职业操守。工匠精神，贵在对从事行业的价值追求，贵在数十年如一日地钻研提升技艺，也贵在对领域的融会贯通和创造创新。"空谈误国，实干兴邦。"在几千年的历史长河中，中华民族始终是一个艰苦奋斗、不断创新的民族。例如举世闻名的"四大发明"，对整个世界文明的进程产生了巨大影响。

雷锋曾说："我响应党的号召，决定留在农村广阔天地里，去当新式农民……将来，如果祖国需要，我就去做个好工人建设祖国；将来，如果祖国需要，我就去参军做个好战士，拿起枪用生命和鲜血保卫祖国，做人类英雄。"他不仅做到了祖国需要他去哪个岗位，

他就去哪个岗位,更做到了一个"好"字。雷锋在鞍山钢铁公司开推土机时,车间主任让他带三个学员,他毫无保留地将驾驶知识以及机器构造原理的理论和实操知识悉数传授给他们,这三个学员只用 4 个月就学会开推土机。学员毕业后,工厂要给雷锋 36 元授课钱,他没要。他说:"我学的技术是党培养的,今天告诉别人是应该的。"雷锋不会以自己工作忙为理由耽误学习。他在运输连当汽车兵的时候刻苦钻研汽车修理技术,并成为部队的学习标兵。在鞍山钢铁公司工作时,他制订了早晨学习 1 小时、晚上学到 10 点至 11 点的自学计划。雷锋到汽车连后接手的汽车是有名的"耗油大王"。为了节约油料,他翻阅了许多专业书籍,请教了行家里手,最终把"耗油大王"改造成节油车。在焦化厂工作时,雷锋发明了横杆吊斗,革新了滑车和独轮车等生产设施,被厂里评为技术革新标兵;在运输连汽教训练中,他和战友们一起组装出一台汽车驾驶训练模拟器,被推选为新兵排技术学习小组长;连队炊事班搞技术革新,他主动请缨,研制出一台切菜机……正是他这种"钻劲""挤劲"使他的业务知识越来越扎实、精湛,并实现了创新。这与我们自古至今传承的工匠精神是相通的。雷锋始终保持在实践中不断丰富自己,改造自己,完善自己,提升自己,超越自己,身上所彰显的锐意进取、自强不息的精神,正是中华优秀传统文化中工匠精神的传承与塑造。

五、雷锋精神与艰苦奋斗品德相契合

艰苦奋斗品德是雷锋精神形成的最坚实的道德支撑。"业精于勤,荒于嬉;行成于思,毁于随。"居安思危,戒奢以俭,艰苦奋斗、勤俭节约的品德,不仅是中华传统美德非常重要的组成部分,而且是对民族精神的集中诠释。艰苦奋斗、勤俭节约的品德是中国共产党人的传家宝。它不仅深深镌刻于每一个中华儿女的心中,而且浸入中国共产党人的骨髓。

雷锋成长于、成才于中国共产党领导的革命和建设之中，艰苦奋斗的美德深深烙印于心中。雷锋对自己要求极其苛刻，"在工作上，要向积极性最高的同志看齐；在生活上，要向水平最低的同志看齐"，不仅克服困难完成本职工作，而且厉行节约、努力工作、奋发有为，将节约下来的钱捐出来支援国家建设。雷锋节衣缩食、省吃俭用，当国家建设需要和灾区有难时，就把自己平时积攒下来的200元钱捐献出去；战友家有困难，他又用自己省下来的津贴以战友的名义寄回家。"发扬艰苦奋斗，勤俭节约的优良传统，不乱花一分钱，不乱买一寸布，不掉一粒粮，做到省吃俭用，点滴积累，支援国家建设。"这就是雷锋的艰苦奋斗品德，也是其思想最可靠的道德支撑。

第四节 雷锋精神的"德治"功能

中国共产党人的精神谱系的提出，是中国共产党在新时代积极构建和不断完善中华民族精神大厦的探索和实践，对于新征程上创新"德治"实践具有重要的意义。根据雷锋精神的特质以及雷锋精神与中国共产党人的精神谱系、中华优秀传统文化的关系，可以得出，以雷锋的光辉形象作为道德典范，大力推动"德治"以促进社会治理是非常有意义的。

一、雷锋精神具有坚定信念、促进和谐稳定的功能

习近平总书记指出，雷锋精神是五千年优秀中华文化和红色革命文化的结合。雷锋精神源于中华民族传统美德和其本人对马克思列宁主义、毛泽东思想的学习和实践，来源于他对新中国的热爱和对党和人民的忠诚，以及他对于社会主义的坚定信仰。雷锋的一言

一行都体现了憎爱分明的阶级立场、言行一致的革命精神、公而忘私的共产主义风格和奋不顾身的无产阶级斗志。雷锋作为道德模范的力量,能够不断增强社会的向心力和凝聚力。

在我国的发展历程中,不乏处于政治、经济困难的时期。这时,一个爱党、爱国家、爱人民的典型的树立,对于引导广大人民群众相信党的领导、相信社会主义道路就会起到不可忽视的作用。雷锋作为家喻户晓的道德模范典型,就起到了这样的作用。

即使在物质条件匮乏的时期,只要人们有着坚定的信念和依靠,人心就会稳定,社会就会稳步发展。把有限的生命投入无限的为人民服务之中,奉献是雷锋精神中最为重要的道德内容和精髓。这种道德理想不仅是人类崇高的理想,也是建立在唯物主义历史观、共产主义奋斗目标以及集体主义道德原则基础之上的。它既包含了人类道德理想的合理要素,又在此基础之上进行了升华和创新。因此,雷锋精神不仅崇高,而且具有科学性,具有巨大的道德魅力和精神价值。

雷锋精神所体现出的坚定的政治信念、忘我的奉献精神,对于引导人们团结一心,正确处理个人与国家、局部和整体、眼前和长远的关系起到了正向的作用。随着经济社会的不断发展,我们面临国内外意识形态领域的新挑战,因此更加需要弘扬雷锋精神。步入新时代,在我们迈上全面建设社会主义现代化国家新征程、向第二个百年奋斗目标进军的道路时,尤其需要充分发挥雷锋精神的作用,鼓舞广大党员干部坚持共产主义理想信念,凝聚以德辅治的强大合力,推动形成崇德向善的浓厚氛围,进一步增强市域社会治理现代化的内生动力。

二、雷锋精神具有提升个人品德、树立道德规范的功能

雷锋是一个既平凡又伟大的形象。他有着平凡的身躯,从事平凡的工作,而他的事迹却是伟大的。他的《雷锋日记》蕴含着朴

素又深刻的道理；他做的每件事看似是小事，却蕴含了大爱；他在所担任的每一个岗位都作出了成绩；他的生命是短暂的，而他的精神影响了一代又一代人。雷锋精神具有"全心全意为人民服务""做好事做好人""干一行爱一行、专一行精一行"等丰富内涵。雷锋精神人人可学，雷锋精神人人应学，就在于他的精神品质同样可以呈现在我们每一个人的身上，对于我们提升个人品质有着模范作用。

雷锋精神中包含着一系列社会道德规范，如爱民、爱党、爱国、爱社会主义；爱护公共财物，热心社会公益；扶危济困，见义勇为；爱岗敬业，勤于钻研；尊老爱幼，助人为乐；加强个人品德修养，诚恳谦逊，艰苦朴素等。这些道德品质既是个人的品质，也是整个社会的基本道德，涵盖了社会公德、职业道德、家庭美德、个人品德等各个方面。这些道德规范既体现了社会主义道德的先进性要求，又继承了中华民族乃至人类"向善、从善、行善"的优秀道德传统，焕发着人性的光芒和温暖。

美好生活不仅是富裕的生活、多样的生活，同时也是文明而道德的生活。新时期，彰显文化软实力、创造人民美好生活，需要彰显雷锋精神蕴含的道德价值，丰富雷锋精神的时代内涵，使之与改革开放伟大实践相适应，与深化群众性精神文明创建活动相贯通，与中华民族传统美德相承接，展现时代性、民族性、大众性、先进性。

三、雷锋精神具有承前启后、推动榜样引领的功能

习近平总书记指出，雷锋精神是永恒的。这个"永恒"，揭示了60多年来学雷锋活动能够覆盖全中国且代代传承的根本原因，也指出了未来"把雷锋精神代代传承下去"的历史必然。

雷锋精神体现了中华民族的优良传统和美德，具有民族精神的特征。中华民族有着上下五千年的悠久历史，传统文化中蕴藏着许

许多多崇高的思想和美德。雷锋精神以马克思列宁主义、毛泽东思想为指南，在树立共产主义先进思想的同时，又汲取了中华优秀传统文化的精华。可以说，雷锋精神是历史、民族和时代的产物。雷锋精神不是其个人异于时代的"一枝独秀"，而是我国社会主义建设时期一种时代精神的集中体现。彰显共产主义道德的雷锋精神，依托社会主义制度，符合人类社会发展规律。

60多年来，全国各地开展形式不同、内容丰富的学雷锋活动，在雷锋精神的激励和引领下，涌现出了一大批雷锋式的先进人物。2013年2月27日，在毛泽东等老一辈革命家为雷锋题词50周年纪念日到来之前，为贯彻党的十八大关于推动学雷锋活动常态化的精神，首届"雷锋奖"颁奖仪式在北京举行，50位在社会上有广泛影响和美誉的全国学雷锋先进人物受到奖励。在50位学雷锋模范人物中，有大家非常熟悉的北京市21路公共汽车售票员李素丽，她把"全心全意为人民服务"作为自己的座右铭，真诚、热情地为乘客服务，被誉为"老人的拐杖，盲人的眼睛，外地人的向导，病人的护士，群众的贴心人"；有孔繁森烈士，作为一名两次援藏历时十载的党的优秀干部，他始终努力践行自己最喜爱的那句话："一个人爱的最高境界是爱别人，一个共产党员爱的最高境界是爱人民"；还有被喻为"最美奋斗者"的郭明义，他把走雷锋道路作为自己的人生选择，追求纯粹，时时处处发挥共产党员的先锋模范作用，几十年如一日地敬业爱岗，无私奉献，累计义务献工21000余小时，矢志不渝地传承雷锋精神，影响带动了230多万人加入郭明义爱心团队。近年来，不断涌现出新的学雷锋先进人物，如坚守黄海前哨的王继才，在远离大陆、荒无人烟、台风肆虐的开山岛，坚持守护32年，在自己的岗位奉献到生命最后一刻；还有忠诚履行扶贫干部的职责使命、遭遇山洪因公殉职的黄文秀；"帮老百姓干活、保障群众利益，怎么干都不过分"的基层干部廖俊波；为山里的女孩们倾尽全力、奉献所有的"校长妈妈"张桂梅；等等。

雷锋精神是人类追求真善美的共同价值遵循。有关资料显示，雷锋和雷锋精神在20世纪60年代就传向世界。在20世纪60年代和70年代，雷锋在世界上的影响主要在发展中的第三世界国家；20世纪80年代和90年代，雷锋的影响辐射到了一些发达国家，如美国、英国、法国、加拿大等国家。第三世界国家学雷锋主要是学立场、学斗志、学精神；发达国家学雷锋，主要侧重学道德、学品质、学人格。我们可以看到，学习雷锋活动不仅超越了国界，而且超越了社会制度和信仰。实践证明，雷锋精神可以超越国度，引发世界范围的道德共鸣。构建人类命运共同体，文明不可缺席，雷锋精神必将成为人类宝贵的精神财富。

第五节　传承雷锋精神的时代意义

雷锋，一个家喻户晓的名字，他的事迹深深感动着亿万人民的心。雷锋精神体现出的无私奉献、乐于助人的品质，已经成为中华民族精神的重要组成部分。习近平总书记对深入开展学雷锋活动作出重要指示，要深刻把握雷锋精神的时代内涵，让雷锋精神在新时代绽放更加璀璨的光芒。雷锋精神是时代的需要，与社会主义核心价值观紧密相连，体现了人民立场，展现出了人性中善良、助人为乐的一面。雷锋精神是永恒的，它不会随着时代的变迁而消失。相反，在新时代，我们更应该弘扬雷锋精神，让它继续发光发热，为社会的进步和发展作出更大的贡献。

一、雷锋精神具有符合现实发展实践要求的时代气质

雷锋精神不仅是雷锋的个人事迹和精神的产物，也顺应了当时

社会状况的需要。20世纪60年代，雷锋精神激励人民昂扬斗志、甘于奉献，共同克服困难。历经60多年的变迁，雷锋始终是人们心中的楷模，其精神内涵与中华优秀传统文化、社会主义核心价值观、社会主义道德紧密相连，反映了共产党人的政治本色，成为推动社会主义实践的重要力量。在新时代，雷锋精神对于实现中华民族伟大复兴和全面建成社会主义现代化强国，积极应对国内外风险挑战，向全世界传递团结友爱、和平发展的理念，更有着不可或缺的价值。

二、雷锋精神具有追求崇高境界的超越性指向

雷锋是一个对社会主义和共产主义理想满怀热情的人。他深知个人的命运紧紧地与党和人民的事业相连。终其一生，他都致力于实现共产主义这一伟大目标，这种坚定的信念和崇高的理想，不仅是在他生活的时代所需要的，更是我们今天仍然需要汲取的力量。身为战士的他，清楚自己的责任和使命，并为之不懈奋斗。人活着的意义是什么呢？雷锋给出了他的答案：追求物质满足固然重要，但更重要的是通过勤奋和努力，为人类的解放事业——共产主义贡献自己的一份力量。他用实际行动展现了对共产主义理想和社会主义信念的坚定和执着。这种理想和信念使他的使命感和责任感达到了内在的自觉，也使他超越了物质和功利的束缚，拥有更高尚的精神追求。在当今这个时代，我们仍然需要雷锋这样的榜样来引领我们前行。

三、雷锋精神具有科学可行的思想理论基础

雷锋精神的形成，并非单纯出于雷锋个人对党、对国家、对人民朴素的情感。雷锋之所以能够持续展现出崇高的道德品质，是因为他在不断追求和学习马克思列宁主义、毛泽东思想的过程中，逐

渐形成了自己坚定的信仰和人生准则。他坚信，只有持续不断地学习和进步，人才能找到生活的真谛和人生的价值。雷锋对马克思列宁主义基本理论的热爱和追求，使他能够站在更高的层次上审视自己和世界。他努力掌握并应用马克思列宁主义的立场、观点和方法，以此来改造主观世界和客观世界，不断追求更高的道德境界。雷锋深刻领悟到一个人的价值不仅仅在于个人的得失和荣辱，更在于对社会的贡献和对他人的关爱。因此，他始终坚持以人民为中心的思想，将个人的幸福与人民的幸福紧密相连。这种对马克思列宁主义和毛泽东思想的学习和实践，为雷锋精神的培育提供了坚实的科学基础。它不仅使雷锋精神具有了科学性和实践性，而且赋予了它深远的社会影响力。

四、雷锋精神具有坚定的人民立场

毛泽东同志曾深刻指出："人民，只有人民，才是创造世界历史的动力。"这一观点强调了人民群众在历史进程中的决定性作用。他们不仅是社会物质财富和精神财富的创造者，更是历史的创造者和社会变革的决定力量。对于我们党而言，始终坚持全心全意为人民服务的根本宗旨，是不变的初心和自觉的价值选择。江山就是人民，人民就是江山。雷锋同志生前始终将人民放在心中最高的位置，用实际行动践行"全心全意为人民服务"的理念。他坚信，真正的英雄，是那些为人民利益而奋斗的人。这种精神追求，使他在有限的生命中焕发出无限的光彩，实现了生命的永恒价值。在社会主义革命、建设和改革的实践中，雷锋精神激励着无数普通公民投身于为人民服务的伟大事业中。他们通过实际行动，实现了个人价值的升华，同时也推动了社会的进步和发展。人民是历史的创造者，是我们党事业发展的根基。只有始终坚持全心全意为人民服务的根本宗旨，才能赢得人民的信任和支持，才能推动党的事业不断向前发展。

五、雷锋精神具有普适性的人性基础

雷锋精神作为人性光辉的集中体现，深刻揭示了道德的本质。雷锋精神倡导的无私奉献、助人为乐的精神，不仅跨越了时空的界限，更成为激励一代又一代人不断前行的强大动力。雷锋所坚持的"为人民服务"的宗旨，彰显了人性中最为深沉和恒久的爱，这种大爱让人们感受到了生命的力量和温度。道德的力量在于其普适性和永恒性，雷锋正是这样的道德力量的典范。雷锋精神植根于人类共同的道德准则，呼唤每个人内心深处那份对"善"的期盼和坚守。通过帮助他人，我们不仅能够实现自我价值的提升，更能够传递出对生命的尊重和热爱。这种善良和爱心，不受时间、地域和文化的限制，不仅符合社会主义精神文明建设的要求，更是推动社会进步和发展的重要力量，是全社会共同的宝贵财富。

习近平总书记强调，学习雷锋精神，就要把崇高的理想信念和道德品质追求融入日常的工作生活，在自己岗位上做一颗永不生锈的螺丝钉。回顾中国共产党人的奋斗历程，每一段历史都蕴含着雷锋式的奉献与牺牲。在新的历史征程中，我们需要以更加务实的态度，攻坚克难，开拓进取，传承雷锋精神，并将雷锋精神发扬光大。这就需要我们在实践中不断探索和创新，既要学习雷锋的精神内核，也要借鉴他的实践方法，激发内在的精神力量和道德信仰，不断前行。在新时代，我们需要将学雷锋活动融入日常、化为经常，让每一个人都成为雷锋精神的传播者和践行者，共同营造一个和谐、美好的社会氛围，以更加饱满的热情和坚定的信念，让雷锋精神焕发新的生机与活力。这不仅是对历史的传承，更是对未来的承诺。

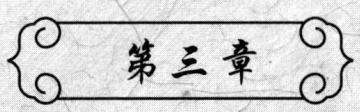

第三章

以雷锋精神推动接诉即办、未诉先办，实现问题不出社区

> 党和领导叫怎样去做，就不折不扣地按党的指示去做。这样，就是有再大的困难，也有办法克服；再艰巨的任务，也能完成……党的声音，就是人民的声音。听党的话，就会开放出事业的花朵！
>
> ——雷锋

接诉即办工作是"以人民为中心"的时代表达，与雷锋精神生动诠释的共产党人"全心全意为人民服务"的价值内涵相一致。体育馆路街道以党建为引领，自以雷锋精神助力接诉即办工作以来，瞄准群众急难愁盼问题，聚力破题，用足用好一切资源力量，强化党员干部主动担当的责任意识，以"见人见事见面、用心用情用力"的"三见三用"工作法和"开门办公、来者不拒、照单全收、立即就办"的工作作风，通过"一条热线"搭建起党与群众的"连心桥"，在"主动治理"接诉即办上做足文章，推动《北京市接诉即办工作条例》落实落细。当群众诉求的"哨声"响起，党员干部闻风而动、全时响应，直奔问题一线，走到群众身边。在雷锋精神的浸润下，一个个关系群众切身利益的问题、诉求得以回应、解决，一件件难点问题带动"举一反三"，党员干部做群众工作的能力水平得以提升，从接诉即办主动向未诉先办转变，辖区居民获得感、幸福感、安全感也更加充实、更有保障、更可持续。

接诉即办工作是一项系统工程，党建引领具有"指挥棒"效应。体育馆路街道党工委从提高政治站位、整合党建资源、强化作风建设三个维度提出 19 条实施意见，形成《体育馆路街道关于坚持党建引领弘扬雷锋精神实现问题不出社区推进未诉先办零诉求社区建设的实施意见》（以下简称《实施意见》），将接诉即办工作成效纳入部门绩效、社区党委评价体系，实现接诉即办工作"书记抓，抓书记"，扎实开展"未诉先办零诉求社区"创建。《实施意见》自 2022 年 6 月出台以来，将党建引领的政治优势、组织优势以及雷锋精神的引领作用，转化为体育馆路地区党员干部为民服务的精神动力，各部门、各社区解决问题能力、统筹资源能力、协调能力、沟通能力、组织能力也都得到较大提升，服务群众"最后一公里"的响应机制、落实机制、反馈机制逐步完善，一批沉积多年的历史难题被逐步破题解决，一些苗头性问题被化解在萌芽状态，辖区居民遇问题、有诉求，找物业、找社区、找街道，基层治理基础不断夯实，社会治理和服务重心不断下移，街道 12345 政务服务便民热线（以下简称 12345 热线）受理量明显下降。2023 年，体育馆路街道共受理 12345 热线诉求 2434 件，与 2022 年相比诉求量同比减少了近五成，月平均万人诉求比在东城区 17 个街道中最低，10 月 5 日及 11 月 5 日实现街道层面的"零诉求"日，这也是东城区首次在街道层面实现当日"零诉求"。2023 年 1—11 月，街道全量考核平均分 97.25 分，排名全区第一；2023 年 8 月市级排名首次进入全市前十；2023 年 11 月，街道取得了考核满分、全市第一的优异成绩。

第一节　坚持党建引领，完善推动未诉先办工作顶层设计

《实施意见》从"提高政治站位、凝聚服务共识""整合党建资源、创新机制载体""强化作风建设、落实责任担当"三个方面明确了 19 条具体工作内容。

（1）切实增强四个意识。不断增强政治意识、大局意识、核心意识、看齐意识，牢固树立街道社区"一盘棋"思想，全力以赴推进完成地区中心重点工作。要强化责任担当，聚焦主责主业，在推进工作中增强党组织引领服务功能，提高全体党员干部的社会动员能力和群众工作本领，勇于担当、乐于奉献，不打折扣、不讲条件，坚决完成街道党工委交办的各项任务。

（2）大力弘扬雷锋精神。做实街道、社区党群服务中心平台，解决群众"微心愿"。党员干部带头，雷锋志愿者跟随，发扬钉钉子精神，钻研业务工作，争做阳光通透、服务人民的好干部，努力实现自身价值。进一步宣传报道社区好人好事，弘扬新时代雷锋精神，"法理情"并用处置问题，把群众的事当成自己的事来做，通过雷锋精神把难点变重点，把对象变队伍，化解矛盾，增进邻里和睦。

（3）个体服从整体大局。坚持严管即是厚爱，持续加强干部管理和干部教育培训，从严管理干部队伍，引导干部正确认识个体与整体的关系，观照全局，积极作为，时刻以习近平总书记"我将无我，不负人民"的情怀为指引，用实际行动践行"全心全意为人民服务"的宗旨，团结一致，上下同心，全力推进"未诉先办零诉求社区"建设，促进地区经济社会高质量发展。

（4）统筹协调整合资源。深化区域化党建协调委员会建设，按照条块结合、优势互补的原则，坚持区域化党建联席会议制度，发动驻区单位、楼宇、商圈等基层党组织定期与各类组织和广大党员群众沟通协商地区性事项，共同参与地区发展建设和管理。压紧压实四方责任，进一步整合资源，统筹分布，均匀发力，共同助力问题在社区层面化解。

（5）加强部门调度支撑。街道"六办一委一队四中心"要统筹利用资源，加强业务指导，加深政策解读，在人力、物力、财力等方面给予社区全方位的支持和保障，做好社区的坚强后盾，确保工作落到实处。

（6）摸清工作底数情况。在日常工作中，要了解和掌握各项工作的基础台账，做到底数清、情况明。要及时研判风险点，做好疏导情绪、解疑释惑、化解纠纷等工作，最大限度赢得群众的认可、支持和拥护，力争将矛盾化解在萌芽状态。

（7）打通社区"微循环"。发挥党建引领作用，层层传导压力，把责任落实到片区、小区和网格，打通各小区、各片区"微循环"，环环相扣，共同发力，从问题不出物业到问题不出小区，最终实现问题不出社区，从而畅通街道"主循环"。

（8）构建矩阵管理模式。结合地区工作实际，在网格化管理的基础上优化工作机制，打通时间、空间壁垒，将街道、社区党员干部纳入矩阵管理系统，统筹协调资源，推进问题解决，不断完善矩阵管理模式。

（9）拓展问题化解渠道。通过领导干部联系基层、党员干部包社区、网格化信息采集等多种形式，将预判可能产生集中性诉求的基础工作前置，主动问政于民、问需于民、问计于民，在社区层面主动化解问题，实现未诉先办"零诉求"。

（10）深化"吹哨报到"机制。延伸拓展"党建引领、街乡吹哨、部门报到"机制，社区直接"吹哨"，街道"六办一委一队四中心"必须立即响应报到，现场研究，做到"事不完、人不撤"，探索形成居民吹响"共治共享哨"、社区吹响"排忧解难哨"、街道吹响"攻坚克难哨"的多维体系，广聚合力，破解难题。

（11）主动治理解决系统问题。从"有一说一"到"举一反三"，从被动治理向主动治理转变，结合每周一事、每月一题，通过日调度、周会商、月讲评，做到发现一个问题，系统解决一类问题，实现由解决单一案件向解决一类案件转变。

（12）畅通联系服务渠道。要确保街道值班室电话、社区值班电话等"干群连心线"24小时畅通，第一时间掌握突发事件信息，确保人员到位、力量到位，居民有所呼，街道社区基层干部第一时间有所应。

(13)坚持开门办公主动服务。当好群众贴心人,办好群众家门口的事情。街道领导班子率先垂范,各部门、各社区开门办公,做到群众反映问题有场所、有渠道、有水喝,让群众诉求有人听、有反馈、有解决。

(14)持续改进工作作风。坚持"见人见事见面、用心用情用力"的"三见三用"工作法。面对群众诉求,要切实做到上门了解、见面问需、实地调研、真情实感,以"开门办公、来者不拒、照单全收、立即就办"的工作作风,把群众的事当成自己的事来办,推动问题解决。

(15)严格端正工作态度。要坚决维护街道党工委权威,各部门、各社区在街道党工委的领导下开展工作。强化纪律规矩,一切行动听指挥,严格管理好队伍。干部要端正工作态度,处理好和居民的关系,坚决杜绝工作态度恶劣、向居民"放狠话""讲硬话"等行为,要用"和风细雨"的态度最大限度赢得居民的认可、支持和拥护。体育馆路街道纪律检查工作委员会(以下简称体育馆路街道纪工委)监察组要加大监督执纪力度,严查严办,绝不手软。

(16)下抓两级压实责任。用"一竿子插到底"的魄力,出"组合拳",啃"硬骨头",直奔现场,直面问题,推动问题解决。坚持常态督查和集中检查相结合,日常考核与综合考评相结合,上级考核与群众评判相结合,将强化党建引领、弘扬雷锋精神、实现问题不出社区、建设"未诉先办零诉求社区"纳入各级党组织党建工作主体责任落实情况的综合考核评价,并作为评判各级党组织和书记履行管党治党责任情况的重要依据。强化考核评价结果的运用,将其作为对班子、干部综合考核评价的重要参考,作为年度评优评先和绩效考核的重要依据。

(17)抓好涉疫类诉求办理。成立专项工作小组,及时有效指挥,集中力量解决疫情防控相关诉求,确保一条主脉络,一根指挥棒,统一口径,同心协力,问题前置,系统解决,推动疫情防控工作和接诉即办工作提质增效。

（18）做好防汛安全保障工作。优化工作方案，夯实防汛基础台账，充实防汛物资储备，全面开展隐患排查，做好汛前准备工作。加强应急处置演练，同时落实落细党员干部包户措施，加强日常联系，不断提升汛期险情应对处置能力，保障地区平稳度汛。

（19）落实防火安全责任。通过广泛宣传、安全培训、定期演练等方式，进一步增强居民防火意识，熟练掌握遇到火情的正确处理方法。切实发挥日常巡查、包户到人等机制作用，加强科技防护力量，为重点人群加装传感器。建立完善预警奖励机制，发挥居民信息员的作用，将火情扑灭在萌芽状态，全方位护航居民切身安全。

在落实《实施意见》的过程中，街道各部门、各社区树立"一盘棋"意识，把建设"未诉先办零诉求社区"作为一项政治任务，不打折扣、不讲条件地抓好落实，明确职责任务，制定工作细则，马上推动落实，并及时沟通工作进展和重点难点问题，形成工作合力。

第二节　形成"见人见事见面、用心用情用力"的"三见三用"工作法

在"见人见事见面、用心用情用力"的"三见三用"工作法指导下，体育馆路街道基层干部与群众的沟通频率大大增加，基层干部更加深刻认识到自己与群众之间的血肉联系，牢记自己加入公职队伍的初心，对群众投入了真感情。

"见人见事见面"的关键，在于主动见面。主动见面是街道、社区基层干部都要学习的"必修课"、工作的"必答题"，尤其是在推进接诉即办的工作中，面对12345热线群众诉求，各部门干部主动下社区、访居民，做到上门了解、见面问需、实地查看，社区工作

者每日坚持走访摸排或电话联系。面对送上门的群众工作，主动接触，用心体会，干部自然更加理解群众的难处，从而更加主动解决好群众的痛点，工作也自然无往不利。

"用心用情用力"的关键，在于解决问题。2022年4月10日至13日，习近平总书记在海南考察时强调"要实施更多有温度的举措，落实更多暖民心的行动，用心用情用力解决好人民群众的急难愁盼问题"。我们开展各项工作的目标指向只有一个，就是让人民群众过上更加幸福美好的生活。大部分有诉求的群众，对于涉及切身利益的政策措施是极其敏感的，多数问题确实需要发挥好基层一线干部的主观能动性，干部要主动成为"服务型干部"，绝不当工作上的"二传手"，真正推动问题的解决。群众的眼睛是雪亮的，对于他们而言，"用心用情用力"不仅是工作方法，更是工作态度和工作结果。

例如，体育馆路街道便民服务中心负责人运用"三见三用"工作法解决居民的需求。某居民反映其于1982年至1996年在体育馆路街道劳服企业起重机队当过临时工，希望核算到退休工龄中。街道便民服务中心围绕该居民的诉求，查阅其个人档案、街道原劳动科档案，并到体育馆路派出所、东城区档案馆查阅资料，发现该居民反映的在街道从事临时工15年的工龄均没有记载。其间，街道组织多次"街道吹哨、部门报到"，人力资源和社会保障局养老保险科、促进就业科和仲裁部门，东城区劳动服务管理中心，以及东城区政务服务管理局等都对此工作进行了指导，仍因无相关材料记载而无法认定该居民从事临时工期间的工龄。街道便民服务中心多次当面为其解释工龄政策及养老金核算方法。后来该居民搬到了平谷区居住，街道便民服务中心负责人与西唐社区党委书记驱车百里赶往平谷，为其讲解退休政策，理清头绪。诉求人对工作人员"用心用情用力"的服务态度非常满意。

之后，街道便民服务中心负责人依然与该居民长期保持联系，时常关心他、帮助他。2022年6月，该居民再次反映身体患病，生活愈加困难，街道发放的养老金难以支撑日常生活开支，要求为其想办法解决困难。街道便民服务中心和社区积极寻求多种途径的救助支持，尽其所能地为其提供帮助。街道便民服务中心负责人说，接诉即办是服务群众的重要载体，我们遇到的多数都是政策性问题，如果仅仅就事论事地去办理，往往与群众诉求预期差距较大。"见人见事见面、用心用情用力"，才能更好地积极响应市民诉求，满足市民需求，提升诉求满意率。

第三节　牢固树立"开门办公、来者不拒、照单全收、立即就办"的工作作风

在雷锋精神的影响下，领导班子率先垂范，带头开门办公主动服务，各科室和社区的办公室，群众都能够随时敲门进入，总有热水一杯热情接待。这样的做法，要求把群众的事当成自己的事来办，强调了领导干部"有诉即接"的同时，也明确了首接负责制的责任人，用最为认真的态度接待、跟踪进展，避免了推诿扯皮的现象发生，让老百姓的诉求有应有答，有始有终。不仅仅是开门办公，街道和社区干部还落实责任担当，"眼睛向下""脚步向前"，在走街串巷之中主动发现问题、推动问题解决。这些看似是小事小节，实际上却反映着机关作风的切实转变，打开了和群众之间的联系之门，消除了为群众办事的最后一道障碍，提升了群众内心最直接的获得感、幸福感、安全感。

葱店社区居民反映的案例，就是一个典型的立即就办案例。葱店社区两户居民因误会，小摩擦升级成了大矛盾。在接件的当天，街道就主动约居民见面，"无论多晚都等着居民"。居民感受到了诚意，自然敞开了心扉。在真心换真情的调解中，终于得以抽丝剥茧，

找到了邻里矛盾的源头。干部多次入户沟通，分工做思想工作，找到了邻里矛盾化解的突破口，最终两家误会消除，化干戈为玉帛。由此可见，通过快速响应、立即就办、"用心用情用力"的调解，再解不开的结最终也都能得到顺利化解。

第四节　坚持"100分钟工作法"，加强与居民的沟通

接诉即办工作最能检验各级干部的为民情怀和担当作为。过去，街道干部特别是领导干部因为忙于各种事务性工作，在处理一些群众反映的急难愁盼问题时，多数只能通过电话和群众沟通，或者由其他人转述群众诉求、了解解决方案。这样的为民服务方式，在效果上肯定会打折扣。在体育馆路街道，除了前面提到的积极倡导"三见三用"工作法和"开门办公、来者不拒、照单全收、立即就办"的工作作风，还明确提出了"100分钟工作法"，即通过100分钟的面对面交谈，达到化解矛盾、解决诉求的最佳效果。

在时间分布上，100分钟的沟通过程分别为：60分钟倾听、20分钟沟通了解情况、10分钟谈解决方案或者解释情况、10分钟沟通感情。通过与人民群众直接对话，纾解群众的情绪，为做决策掌握第一手的材料，实现"党群心连心""政民零距离"，从而有针对性地做好群众工作，满足人民群众的迫切需求，同时也将大大激发人民群众表达意见、参与基层治理活动的热情。

例如，体育馆路街道党工委书记秦磊与某诉求人的沟通过程。该诉求人并非居住在本街道的居民，她曾在街道葱店社区一家市属企业工作，目前该企业已经不存在了，该诉求人也已退休，但是对多年前企业发放的供暖费有异议，反复拨打12345热线反映情况。在之前的办理过程中，不管是该诉求人的户籍所在地、实际居住地，还是原单位的上级主管部门，都没有能为其解决诉求。2021年10月

的一个周末，秦书记在街道会议室第一次约见了该诉求人。面对面聊了两个小时，诉求人心里畅快了不少。在此之前，诉求人与其他人的沟通中情绪一直很激烈，效果一直不太好。但是当秦书记在门口将其迎进街道会议室，诉求人就自然而然地流露出对党和政府的信任甚至是信赖。沟通结束，秦书记把手机号码也给了诉求人，嘱咐其有困难24小时都可以联系。经过这次"见人见事见面、用心用情用力"的沟通，100分钟的深入交谈带来了超出预期的效果，诉求人对街道主动沟通的做法很满意。在之后的问题处理过程中，经办的干部表示，大家公认的"有情绪"的女士，已经变成了"好沟通"的大姐。事实上，在群众各类诉求中，一定会有当下解决不了的或者完全个性化的需求内容。"100分钟工作法"在做群众工作、化解人民内部矛盾的过程中，体现出党员干部的群众工作能力与最朴素的真情。

第五节　以德治人，变对象为队伍

社会治理的根基在人民、血脉在人民、力量在人民。12345热线的群众诉求五花八门，街道社区也是应接不暇，因此，有的干部牺牲周末休息时间去居民家中帮助解决问题，甚至有的干部开自己的私家车去给群众办事。对于地区重点人、热线诉求人和特殊困难群体，街道领导更是主动见面，将这些难度较大的问题和历史遗留问题作为重点，"一竿子插到底"，明确主管领导和主责部门，研究方案、明确措施、逐步推进，确保事事有回应、件件有着落、凡事有交代。确实不能得以解决的问题，以情感人、以理服人，详细解释政策要求和改善措施，从而获得群众的理解和体谅。干部真心自然换来群众真心，辖区日常12345热线诉求量较高的几位居民，已经主动变成了街道城市管理"监督员"，帮助发现城市管理问题和乱

象，积极协助整改，工作对象变成工作队伍。

例如，辖区某居民曾因为院内堆物堆料问题拨打12345热线。市民诉求处置中心和居民沟通交流后，及时清理了场地，并留下了个人联系方式，告知有类似问题可以拨打联系电话反映，该居民对工作给予了解决满意的好评。之后，该居民先后拨打预留电话反映车棚使用、污水跑冒、安全通道堵塞等问题，市民诉求处置中心全部按照未诉先办派单处置。现在，院内有任何问题，该居民都会第一时间联系市民诉求处置中心，成为监督队伍中的一员。

又如，家住天坛街道的某居民，因为生活在体育馆路街道附近，自2019年有接诉即办热线以来，该居民先后通过热线反映辖区内交通秩序、挤压盲道、围墙外立面不洁、地面不平等环境秩序问题，平均月诉求量达40~50个，一度成为体育馆路地区的"高频举报人"。街道领导高度重视，通过多种渠道与该居民沟通、见面。天坛东侧路至崇文门外大街沿线问题多发点位所在的四块玉社区和西唐社区，两位社区党委书记均多次与该居民座谈，征求意见，并聘请该居民为监督员，为其颁发了聘书。现在，这位居民只要发现任何问题，都会第一时间联系街道相关部门和社区。

第六节　畅通脉络，实现"搭上线""通上电"

"搭上线"与"通上电"是指干部与居民要频繁地、多维度地、全方位地产生联系，这里有两层意思，一是与居民发生接触，二是产生有效联系。在解决12345热线反映的群众诉求过程中，用语言和行动去沟通感情、拉近与居民的距离，通过案件的处理与居民产生长期的有效联系，无疑是最直接、最有效的工具。在实际工作中，"搭上线"与"通上电"正是通过"见人见事见面、用心用情用力"的"三见三用"工作法和"开门办公、来者不拒、照单全收、立即就办"的工作作风来实现的。"见人见事见面"就是主动向前,去"搭上线","开门办公、来者不拒、照单全收、立即就办"的工作作风自然能带来"通上电"的良好效果。

"搭上线"与"通上电"体现出系统观念在实际工作中的运用。基层治理的任何工作都不是孤立的,而是相互联系的。系统观念强调要把握事物发展规律,客观地而不是主观地、发展地而不是静止地、全面地而不是片面地、系统地而不是零散地、普遍联系地而不是孤立地去观察现象、分析问题、解决问题。接诉即办工作本身作为一项系统工程,要求加强全局性谋划、整体性推进,以全局、整体的眼光思考和部署工作,把接诉即办放到市域社会治理现代化的范畴,综合运用多种治理方式和手段,做到"搭上线"与"通上电"。"搭上线"与"通上电"既是基层治理的重要方面,也是维护区域安全和社会稳定的重要内容。当以全局、整体的眼光认识和把握社会治理的范围、模式,再辅以综合运用多种治理方式和手段,通过"搭上线"广泛掌握社会面情况,充分调动起各方面参与社会治理的积极性,在此基础上再实现"通上电",就能够建设人人有责、人人尽责、人人享有的社会治理共同体,使社会既充满活力又安定有序。

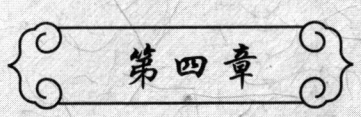

第四章

以雷锋精神探索基层治理模式创新和实践

> 我要坚决听党的话，一辈子跟着党走，认真贯彻党的方针政策，对党有利的话，有益的事，我要多说、多做；对党不利的话，没有益的事，我坚决不说、不做。我要全心全意为人民服务，永生为伟大的共产主义事业而奋斗。
>
> ——雷锋

推进国家治理体系和治理能力现代化，是中国式现代化的题中之义，是新时代全面深化改革的重要方面。国家治理体系现代化的核心就在于完善的治理制度，创新制度体系、理顺运行机制是高效推进基层治理能力提升的前提。创新并非一件容易的事情。雷锋精神的内涵之一就是"锐意进取、自强不息的创新精神"，雷锋在其工作领域不断取得创新，勇于攻克一切难题，体现了共产党员自我净化、自我完善、自我革新、自我提高的鲜明品格，也是中国人民勇于改革创新的精神风貌的真实写照。雷锋作为当代中国标志性的精神力量，他身上体现出的进取的锐气，一直激励街道社区的基层工作者进一步解放思想、开拓创新，努力适应新形势新要求，不断创新社会治理体制机制，不断提高社会治理水平。近年来，体育馆路街道在创新上持续发力，于传承中发展，在发展中创新，通过一系列对治理机制、治理措施、治理路径的尝试、调整和变革，提升了基层治理的适应性，以更加健全、科学、高效的制度机制创新激发了基层治理活力，同时，也激发了基层政府职能的转变，有效提升为民服务的效能，提升群众的获得感。

第一节　深化矩阵治理模式

2022年，体育馆路街道在网格化管理基础上，不断创新管理理念和机制，把街道辖区1.84平方千米、8个社区划分为29个矩阵，将全体街道、社区干部下沉到矩阵，建立矩阵功能型党支部，设立矩阵支部书记、矩阵长，统筹矩阵各项工作。2023年7月，根据街道、社区工作实际，以网格化管理为基础，把街道辖区8个社区重新划分为27个矩阵。

大到"社会治理共同体"，小到"社区治理共同体"，共同体不应是单向、单维度、单一主体的，而应是多向、多维度、多元主体的立体模块。根据《体育馆路街道关于坚持党建引领弘扬雷锋精神深化矩阵治理的工作方案》，为了积极转化学雷锋系列活动成果，学习弘扬践行雷锋精神，逐步实现问题不出物业、问题不出小区、问题不出社区，畅通社区"小循环"，推进"未诉先办零诉求社区"建设，结合体育馆路街道实际，创新提出"深化党建引领，以网格化管理为基础，深化矩阵治理"的模式。

矩阵治理模式，以党建引领的组织力、动员力为横轴，以社区治理的精细化、精准化为纵轴，纵横联动，强调人员、地域、职责任务上的精准管理，街巷、胡同、楼门（院）对应到每个人，职责任务分解到每个人，是对网格治理的进一步深化和提升。矩阵治理模式畅通体制路径、优化人员配置、强化共建共治，有助于破解传统治理"重建设、轻监管""重发现、轻处置"等问题，坚持问题导向和目标导向相统一，坚持统筹全局和突出重点相协调，实现了治理精细化和指挥扁平化。矩阵治理模式将全体机关干部下沉到矩阵，秉持"将支部建在矩阵上"的理念，设立矩阵支部书记、矩阵长，统筹矩阵各项工作，有利于集中合力推动难题解决；同时，根据群众需求和工作需要，可以及时进行矩阵工作重心的动态调整，在实际运作中有力地推动了文明城区常态化创建、全力保安全百日行动、消防安全进万家、党的二十大重大活动服务保障等专项工作，取得了很好的效果。

《体育馆路街道关于坚持党建引领弘扬雷锋精神深化矩阵治理的工作方案》中明确矩阵治理的工作目标是：始终坚持以人民为中心，以增强基层党组织凝聚力为关键，把党员干部全部落到矩阵中，落人、落权、落责。让机关干部沉下来、党员身份亮出来、各条战线动起来，在矩阵这个最小单元，全面掌握人、地、事、物、情，进一步推动治理精细化、力量多元化、下沉常态化，实现问题早发现、诉求全响应、服务零距离，守牢社会安全底线，把问题隐患化解在基层一线，推动实现群众诉求的未诉先办。在为群众办实事的实践中，让真正想干事、能干事、干成事的干部脱颖而出，将矩阵打造成既成就事业又成就人才的平台，积极探索适应核心区需求并具有街道特色的矩阵治理新模式。

一、矩阵治理工作机制

（1）落实包社区机制。在处级领导带科室包社区基础上，将街道干部、社区干部、综合行政执法人员编入矩阵，精准定人、定权、定责。若遇人员职务变动等情况，由矩阵治理领导小组根据实际进行调整。楼门（院）长以及公安、市场监管、消防等相关执法部门的工作力量逐步纳入矩阵。在每个矩阵建立功能型党支部，矩阵支部书记一般由矩阵长担任。

（2）落实"吹哨报到"机制。矩阵工作人员强化矩阵内的巡查巡视，深入街巷胡同主动问需于民、问困于民。通过明确职责、细化流程，形成"矩阵工作人员+街巷长+小巷管家+群众"全天候、无死角的巡查发现机制。遇有需协调解决的问题，立即启动"吹哨"

程序，协调街道、社区进行处置，形成"发现—预警—吹哨—处置—反馈—评估"的闭环工作模式。

（3）建立定期会商机制。定期召开矩阵治理领导小组成员会商会，研判重点工作进展情况，部署下一步工作。紧盯"一条热线、两件小事"，结合接诉即办调度会，通过"每月一题"等形式，推动接诉即办和未诉先办有关工作。

（4）建立考核督导机制。探索建立矩阵工作考核排名机制，由各部门提供文明城区常态化创建、接诉即办、垃圾分类、物业管理、环保、安全维稳等数据，将考核成绩作为街道和社区干部年度考核的重要参考依据。

二、矩阵治理工作要求

（1）坚持党建引领，形成工作合力。使党的领导贯穿矩阵治理的各方面和全过程，把支部建在矩阵上，健全"街道党工委—社区党委—矩阵党组织—党小组"四级党的工作网络体系，确保"每个矩阵都有党组织、每名党员都在矩阵中"，将区域党建、社会保障、统战、团委、工会、妇联等工作逐步充实、整合到矩阵中，形成一阵多员、一员多能、一岗多责的工作机制，在矩阵这个社会治理单元中汇聚起强大合力。

（2）坚持弘扬雷锋精神，赋能矩阵治理。将雷锋精神的弘扬、传承、践行作为助力基层治理的重要抓手，针对社区建设中存在的问题，通过持续开展雷锋精神宣传、深化雷锋精神运用等手段赋能基层治理，助力强化党组织凝聚力和党员先锋模范作用，夯实党建引领精神基础。

（3）坚持群众至上，切实履职尽责。矩阵工作人员应尽快熟悉和掌握矩阵基本情况，并做到"五勤"：一是腿勤，多走访入户；二是眼勤，能发现问题；三是口勤，主动问需求、问困难；四是脑勤，

多研究解决问题的办法;五是手勤,注重实干,解决好群众的急难愁盼问题。

(4) 坚持共治共享,扩大多元参与。积极发动楼门(院)长、社区党员、志愿者、小巷管家以及物业公司、地区商户等共同参与矩阵治理,同时加强与社区民警、消防等专业力量以及人大代表、政协委员的沟通联络,注重联动融合、开放共治,建设人人有责、人人尽责、人人享有的矩阵治理共同体。

三、矩阵工作人员职责任务清单

(1) 掌握工作矩阵基本情况。充分运用"汇聚平台",及时收集、掌握矩阵内各类社会服务管理对象的基本情况,对矩阵内人、地、事、物、组织情况做到底数清、情况明,对其变动情况,要及时掌握、及时变更,切实做到基础工作信息化,供各相关方面共享。

(2) 了解社情民意。深入群众,倾听群众意见,了解群众疾苦,为群众排忧解难;及时受理居民求助,在规定的时限内办理居民申办事项;向居民代表定期报告工作,自觉接受监督。上报涉及社会稳定的各类信息,将收集、掌握的各类情况信息进行积累、分析、比对,定期排查、分析社情动态和舆情问题。

(3) 加强党在基层的组织力、动员力。组织动员辖区机关、企事业单位党组织、党员参与地区建设、基层治理,团结带动居民参与街道中心重点工作,在"一条热线"、两个"关键小事"等工作中充分发挥党组织战斗堡垒作用和党员先锋模范作用。抓好社会组织培育管理,对矩阵内各类社会组织做到底数清、情况明,积极培育社区社会组织。

(4) 参与文明引导和文明城区创建。对照文明城区复查迎检指标,聚焦背街小巷"死角""盲区",开展巡查检查、整改矩阵内各项工作落实情况;检查文明宣传氛围是否到位,宣传海报、展板褪色脏污是否及时沟通更新更换，文明城区创建各类宣传要素是否齐备；主动巡查有无随地吐痰、乱扔垃圾、遛狗不牵牵引绳、不及时清理宠物粪便等不文明行为，及时劝阻不文明行为；建立一图一表一册，向居民宣传地区文明创建相关知识，为全国文明城区创建工作聚效。

（5）做好接诉即办和未诉先办工作。建立群众诉求快速响应机制，及时回应人民群众的急难愁盼问题，高效办理居民合理合法诉求，对职责范围内的事项实行接诉即办。加强统筹调度，深化主动治理，为公众参与基层治理提供信息渠道和有效途径，推动实现问题不出社区，推进"未诉先办零诉求社区"建设。

（6）开展城市环境监督治理和生态环境保护巡查。针对矩阵内大件垃圾、渣土遗撒等生态环境问题，无照游商、黑车揽客、散发小广告、私搭乱建等影响环境秩序的问题，及时发现、上报和协调处置。巡查垃圾分类设施是否完好、能否正常使用、垃圾桶颜色和数量是否匹配、垃圾桶是否满冒、拉环是否完好、周边环境是否整洁等；巡查胡同、小区、驿站和桶站等各类公示牌信息是否完好、是否及时更新；加强居民自主分类情况宣传、检查。

（7）排查化解矛盾纠纷。掌握矩阵内现有的矛盾纠纷，分析问题产生的原因，掌握发展的趋势。落实信访代理制，定期开展矛盾纠纷排查工作，及时发现新的矛盾纠纷和苗头性事件，及时化解各类矛盾。对一时解决不了的问题，及时上报。在矩阵中固化矫正帮教体系，落实矫正、帮教工作任务。

（8）组织群防群控。大力开展安全防范宣传教育，增强群众的自我防范意识和能力，指导治保会以及专职和义务巡逻队等群防群治力量开展治安巡逻和邻里守望活动，严密辖区群防群治矩阵，广泛利用辖区资源，动员群众使用技防、物防设施，提高治安防范水平。严格辖区公共场所、商贸市场、出租房屋和危险物品的治安管理，开展经常性的治安检查，督促、指导辖区治安保卫重点单位建

立健全安全防范制度，落实安全防范措施，预防、减少各类案件和治安灾害事故的发生。落实社区矫正和安置帮教工作，在工作矩阵中固化矫正帮教体系，落实工作矩阵矫正、帮教工作任务，掌握社区矫正人员和刑释解教人员的思想动态、日常走向，了解、反映其基本需求。

（9）确保辖区安全形势稳定。推动电动自行车全链条管控，定期配合做好安全巡视检查活动，劝阻居民飞线充电、电动自行车入户充电，引导居民规范用火、用电、用气行为。针对老旧小区、平房院落深入开展可燃物清理工作，定期巡检消防器材，动员党员群众开展常态化卫生大扫除活动，消除安全隐患。广泛宣传《体育馆路街道防火奖励办法》，激发居民参与共建、共享、共治的积极性。

（10）做好民生领域各项工作。针对矩阵内老、幼、病、残、困等社会弱势群体，全面了解具体情况，对其居住、就医、求学等方面需求定期关注，做好生活保障、救助供养、医疗救助、公共法律、扶残助残等服务，避免弱势群体陷入生存困境。推动做好无障碍环境建设、优军服务保障等工作。

第二节　做实社区数据汇聚共享服务平台

社区作为治理体系的"最末端"，恰恰是矛盾化解的"最前端"。为着力解决好群众的烦心事、操心事、揪心事，2020年，北京市东城区全区积极增强科技赋能，加速社会治理数字化建设工作，推出了东城区社区数据汇聚共享服务平台（以下简称"汇聚平台"）项目。"汇聚平台"在体育馆路街道先行先试，成为近年来街道深化社会治理的技术支撑平台。

社区通过"汇聚平台"系统及时动态更新社区人、地、物、单位、车辆、宠物等信息，分类服务老年人、残疾人、青少年等群体和辖区单位，社区、各职能部门信息联动处理，实现信息应用网络化、应急处置可视化，大大提升了基层治理效能。2020年，东城区试运营"汇聚平台"系统时，四块玉社区是第一家试点社区，试运营过程中，社区与平台互相磨合，一方面开发部门结合使用过程中出现的问题，及时调整系统设置，推动系统完善；另一方面社区将平台数据库和互动模块应用于社区工作，提高了社区工作效能。目前"汇聚平台"系统已在体育馆路街道辖区全面铺开，每个社区指定一名副职以上社会工作者和一名专职社会工作者具体负责数据汇总，研发部门全程指导，通过强化信息治理能力，完善平台信息，有效解决社会治理智能化、专业化的应用难题。

"汇聚平台"系统以社区为载体，以网格为单元，将互联网、物联网、大数据、云计算、移动互联等技术整合应用，实现多方治理主体的良性互动，使得服务的种类和内容更加有针对性。同时，在社区统一数据采集口径，同步完成网格的基层治理数据初始化，使各级政府部门通过对各社区大量线上治理数据的整理分析，就可以预测供给需求，提供更加智能与高效的管理和服务，为打造大数据时代基层治理的新模式提供技术支撑。"汇聚平台"系统发挥的作用主要包括以下四方面。

一是党建统领，创新工作体系，为社区全面工作赋能。通过"汇聚平台"的建设，运用现代信息技术固化各项运行机制，通过定期分析、评价，持续改进，使基层治理体系建设高效、合规运行。

二是解决社区工作广泛参与问题，实现共建、共治、共享。"汇聚平台"采用分级授权管理，具备多级别、多类型、多角色的权限管理系统。社区管理平台由社区居委会负责管理，从根本上改变社区居委会在以往服务管理平台上"收集信息者""传递信息者"的角色权限，使其充分掌握平台建设的主动权，成为信息获取、互动参与、信息整合的使用者，以提高效率和工作质量。"汇聚平台"为每个角色赋予不同的权限，覆盖所有社区成员及相关数据。通过整

合各方力量，为基层治理的人人参与、人人尽力、人人共享打下基础。

三是解决社区数据底数清的问题。实现社区数据实时动态掌握，建立统一的社区基础信息数据库，实现社区数据标准化，统筹各部门数据采集需求，在社区实现数据信息的汇聚。初步建立社区实时、动态的基础数据库及更新维护机制。能够在"汇聚平台"的支撑下，打通数据孤岛，实现数据互通，对用户信息、数据进行补充、完善，实现用户信息、数据的动态变化。区、街道各级有关部门进行管理，可实时查看、了解社区工作，调用相关数据，实现了区、街道、社区业务协同，为政府各级部门提供实时、动态、精准的数据。

四是社区宣传零距离，时刻倾听居民的意见和声音。通过"汇聚平台"微网格可发布通知、公告，提升社区宣传的时效性和覆盖率，增强社区的宣传能力。及时向居民开展安全意识、消防宣传、交通安全、居民自助教育，通报社区安全形势，提高社区人员法律法规知晓率，避免小问题积累成大矛盾。引导社区居民自觉养成良好的行为习惯、健康的生活习惯、低碳的环保习惯、文明的出行习惯，共创家庭和睦、邻里互助、和谐融洽的社区氛围和整洁干净、环境优美、宜居宜人的社区环境。

通过"汇聚平台"的广泛覆盖和高频使用，体育馆路街道各部门和各社区还体会到以下益处。

（1）随时随地办公，提高工作效能。"汇聚平台"系统逐步替代纸质台账和纸质的民情日记，将每个社区工作者手中分散的纸质、电子表格等多形式的人、地、事、物、情等基础数据汇聚到平台，社区工作者可以做到随发生、随录入、随核对、随处置，全面、及时、准确掌握本地区的人、地、事、物、情的实际情况。统计查询数据时，可以多维度设置条件，对数据进行一键提取。在使用过程中，社区工作者作为网格责任区网格员，在每天的工作中不断积累社会治理所需的各类海量数据，随着基础台账越来越完备，落实到每一户家庭、每一个人，工作就能够前移，形成问题解决的良性闭环，极大地提高了工作效率。

（2）数据汇聚功能，提高工作科学性。"汇聚平台"中8个社区数据全部录入之后，可以生成街道层面的数据，社区工作者可通过手机等移动终端、电脑端和其他物联网终端进行使用，并且随着日常的信息变化，把底数摸清摸透，同步在系统中更新。例如，非管片居民需要联系某院住户，就可以通过检索人员信息库，立即获得相关信息，提高联系效率，缩减解决问题的时间。通过社区汇聚大量的人员数据、性别、人群结构分布、居住环境、家庭结构以及生活需求等多维度数据，可以用于支撑社区养老、卫生、医疗、教育等资源配置规划，合理地分配政府资源，提高居民满意度。

（3）街道统筹汇总，依托矩阵治理模式实现管理扁平化。"汇聚平台"按照社区"以房管人，一户一档"的精细化管理模式形成了电子版的社区民情图，各个终端的应用全部由"汇聚平台"统一推送或更新，使用、管理更加便捷，数据的汇集对于街道掌握整个区域情况提供参考。例如，将危房、危树、困难人群等落到矩阵内，并体现在系统中，有利于矩阵长统筹各方资源解决矩阵内难题，建立矩阵巡查、会商等机制，实现管理扁平化、资源力量聚集化。

以最早试点的四块玉社区为例，一些群众"小事"，从发现到解决的全过程，都被社区工作者上传到"民情日志"中：组织居民起草了"解决流浪猫隐患的方案"，搭建猫舍，定时投喂，轮流当"铲屎官"，让"胡同里的喵星人"成为一道风景；居民自治小组协调业主事先挪开车辆，让提前预约的抽粪车能够顺利进入老旧小区，及时疏通化粪池；入户宣传垃圾分类，让高层住户不往马桶中丢杂物，以防一楼家中污水溢出……

这些问题隐患、矛盾纠纷被一并纳入区级数据库，通过社区在日常工作的过程中动态沉淀的数据，逐步形成以人为中心的大数据平台，实现人房关联、人车关联、人事关联、人宠关联等，通过智

能算法分析，可以为居民提供精准化的服务，可以主动感知、掌握社会律动的每一个音符，让大量小隐患真正解决在了基层、解决在了萌芽状态，用数据汇集为社会治理、社会关联服务等科技赋能。人民群众的美好生活，正是由这样无数日常化的小事和具体化的需求构成的，"汇聚平台"的技术支撑，为基层治理提供了更加有效、精准的保障。

第三节 搭建三条"干群连心线"

为充分发动居民参与公共事务，街道公布三条"干群连心线"，街道值班室、疫情防控专班（资源环境治理专班）24小时接听电话，社区工作时间随时能响应，夜间开通来电呼叫转移，安排专人守护连心线。街道制作防火、应急等电话公告牌1800余块，布置在每个楼门（院）门口，发放居民联系卡3万余张，确保辖区居民能够第一时间联系到街道和社区。雷锋精神直接转化为党员干部为人民服务的精神动力，党员干部担当接线员，个个"态度好、会沟通、能办事"，确保为居民服务温暖"总在线"，守护"不打烊"。

自2022年6月开通三条"干群连心线"以来，共接听居民来电近8000次，解答入学登记、民生保障等政策咨询500余次，解决跑冒滴漏、停水停电、房屋漏雨、绿化养护、噪声扰民、市容环境等诉求问题300余件，处置火情等应急事件10余次，切实发挥了百姓身边12345热线的作用。

家住磁器口大街的居民拨打街道值班室电话，反映院内邻居搭设的储物棚成为野猫的藏匿之所，严重影响自己日常生活。接到来电后，当日值班员立即逐级上报带班员、带班领导并联系西唐社区说明居民反映问题。西唐社区了解相关情况后，工作人员立即入户，疏解矛盾，并在征求相关居民认可后制定方案。为解决相关问题，西唐社区党委书记再次带领社区工作人员和施工人员冒着近40℃的高温，对涉事杂物棚进行拆除清理，恢复地面。得知院里某住户的厨房房顶上还存有大量猫粪，社区工作人员主动向前，进行清理。反映的问题得到解决后，居民特意向西唐社区工作人员送上一封诚挚的感谢信。

一日晚上，法华南里社区工作者接到居民求助电话，电话另一头传来了焦急的声音。该居民的母亲一直独居，当天联系母亲的电话一直没有接通，她担心母亲发生意外，于是拨打社区"干群连心线"电话寻求帮助。接到诉求后，两名社区工作者第一时间来到该居民母亲家中，因多次敲门都无人回应，二人又在小区周边进行寻找，并联系邻居了解情况。正在大家焦急万分的时候，该居民的母亲返回家中："我每天晚上有出门遛弯的习惯，今天恰巧赶上手机没电，没想到女儿今天会打电话，给社区工作人员添了麻烦。真的特别感谢你们这么记挂我。"得知母亲平安，该居民一颗悬着的心终于放下了。事后，该居民的母亲拨打了12345热线表示感谢。

第四节　形成"三级吹哨"机制，畅通"五级循环"系统

"三级吹哨"分别是街道、社区、居民"吹哨"。一是街道吹响"攻坚克难哨"，解决区域性难题。针对法华南里小区固定车位多、停车资源紧张的难题，"吹哨"东城区城市管理委员会、东城交通支队、东城区城市管理综合行政执法监察局等单位，制定停车管理方案，重新施划停车位、协调错峰停车等，最终小区取消固定停车位178个，拆除地桩、地锁200余个，将停车资源最大限度供给业主共享使用，困扰居民已久的停车难题终于解决了。二是社区吹响"排忧解难哨"，解决居民家门口难题。汛期来临，房屋漏雨、地面塌

陷、墙体开裂等各种疑难杂症纷纷涌来，各社区充分发挥主观能动性，充分调动各部门资源力量，先后解决北岗子街50号、葱店西街55号院等墙体开裂、积水、漏雨难题，帮助居民顺利度汛。三是居民吹响"共治共享哨"，多方参与共同发力。例如，四块玉社区试点微治理，德治引领自治，由社区居民共同商议、打造"邻里共享家"，培育出"共享自治管理小组"，培养"自管居民团队"，实施"共享家"系列活动服务社区居民，用"微治"推动社区"善治"。"三级吹哨"所涉及的各类问题的实际解决，分别对应着街道社区内部五级问题解决机制，即小问题楼门（院）长、包片社工第一时间处理，不能及时解决的由社区副职处理，需要进行部门协调的问题由社区党委书记和科室负责人处理，跨多个部门协调的问题明确处级主管领导牵头，重要问题、重大事项由街道主要领导负责，确保问题在楼门（院）、片区、矩阵、社区、街道五级系统及时化解。

在龙潭西里6号楼、8号楼老旧小区改造工作的开展过程中，"三级吹哨"的运用助力老旧小区换新颜，提高了为民服务、城市管理的水平，切实解决了居民身边的操心事、烦心事、揪心事，获得了群众的认可与支持。

龙潭西里6号楼、8号楼建成于2000年，是原崇文区最早启动的危改回迁小区之一，由原崇文区房屋管理局建设。建成后，原物业管理企业因多年来经营亏损严重，于2018年10月16日张贴公告后撤管小区，小区处于"真空状态"，大门无人值守、环境卫生差、机动车乱停放、污水管线堵塞等问题频发，小区居民改造意愿强烈，多次拨打12345热线希望尽快改造。

在龙潭西里6号楼、8号楼改造前期，街道主动向前一步，吹响"攻坚克难哨"。利用"街道吹哨，部门报到"机制，邀请东城区住房和城乡建设委员会、北京市规划和自然资源委员会分局、东城区城市管理综合行政执法监察局等部门共同研究前期拆违、引进物业等事宜。经过区级部门指导和街道的攻坚克难，在连续入户和持续整治下，龙潭西里6号楼、8号楼院内20余处违建在一周内全部拆除完毕，满足了改造前期条件，夯实了小区改造工程的基础。针对物业管理缺失问题，街道在东城区住宅和城乡建设委员会等专业部门的指导下，立足于实际情况，研究物业入驻方案，于2021年采取"先尝后买"的方式引入北京市东旭佳业物业管理有限责任公司对小区进行管理，即第一年收取低价物业费并提供管理、保安、保洁、维修等方面的服务，待改造完毕后，按照市区部署进行长效物业管理，切实提升居住环境和生活质量。

长青园社区主动作为，利用社区"吹哨"机制请求街道协调开展龙潭西里6号楼、8号楼前期调查，街道城市管理办公室、社区建设办公室迅速响应报到，成立工作专班，委托专业调查公司协助社区开展改造整治前的居民意愿调查工作，采取"菜单式"改造，由居民自主选择改造项目。改造伊始，街道以党建为引领，以"走下去+请进来"为模式，抽调2名处级领导、4名科长及多名机关、社区干部成立群众工作组，设立临时党支部，建立党员服务站，实行街道社区基层干部以及设计、施工、监理、物业单位"组团入户"，及时了解社情民意，收集小区居民关于综合整治的意见建议，真正做到"干部走下去，问题兜上来"。与此同时，社区成立"家门口"物业党建驿站，把居民、物业服务企业请进来，共同商议家门口的大事小情，敞开大门热情服务，改"追着案件办"为"瞄着问题干"。

龙潭西里6号楼、8号楼居民积极参与综合改造工程，居民吹响"共治共享哨"。在街道、社区的指导下，按照《北京市物业管理条例》，通过自主报名提名、居民投票表决方式，成立物业管理委员会，全程参与、监督物业服务企业引进、老旧小区改造工作。针对部分居民对上下水改造有疑虑的情况，根据物业管理委员会建议，于2020年5月在龙潭西里6号楼、8号楼院内开展为期两天的上下水改造现场解答活动，针对居民提出的问题作出专业性解答，施工

方将前期上下水施工中，从居民家更换下来的管道搬到院内，让居民直观地看到此次改造的必要性与重要性。在职党员、楼门（院）长、积极分子组建志愿者队伍，积极参与垃圾分类桶前值守、周末卫生大扫除等活动，义务担当老旧小区改造政策宣传员、质量监督员，实现了"居民的事居民议，改造成果全民享"。

龙潭西里6号楼、8号楼共计改造建筑面积16265平方米，涉及上下水立管更新、楼梯周围空调线缆规整、楼本体节能改造、完善公共照明、无障碍设施、增设停车位等项目。从一开始的不理解到支持改造，再到强烈要求给自家换上下水，共同议定物业管理事项，居民态度的转变和工程的顺利完成，是街道、社区干部辛勤付出的成果，也是"三级吹哨"机制在老旧小区工作中贯穿始终发挥作用，不断把群众工作向深处做、细处做、实处做的集中呈现。

第五节　建立矛盾纠纷化解"分级诊疗"体系

2023年是毛泽东同志批示学习推广"枫桥经验"60周年，也是习近平总书记指示坚持和发展"枫桥经验"20周年。为了进一步提升基层治理水平，深入贯彻落实新时代"枫桥经验"，体育馆路街道践行雷锋精神敢担当，设立体育馆路街道人民来访接待中心，将信访接待、矛盾纠纷调解、综治中心等工作整合为一体，有关科室合署办公，变来访群众"跑多地"为"跑一趟"，为来访群众提供"一站式"接待服务，从而进一步完善街道—社区—矩阵三级贯通的工作体系，积极发挥"分级诊疗"作用，最大限度地化解消极因素，调动积极因素，把问题解决在基层，把矛盾化解在萌芽状态。

街道—社区—矩阵三级贯通的工作体系，能够上下联动、有效协同推进，积极发挥不同层级的优势，拓展居民反映诉求的渠道，实现问题早发现、诉求全响应、服务零距离。街道层面，依托街道一站式矛盾纠纷调解平台——人民来访接待中心，设接待谈心室、和谐之家，坚持"开门办公、来者不拒、照单全收、立即就办"的工作作风和"见人见事见面、用心用情用力"的"三见三用"工作法，不断优化群众接待、矛盾纠纷调解流程，把雷锋精神深入贯彻到群众工作中去，街道主要领导带头接访，2023年接待来访290余人次，先后解决了环境秩序、安全隐患、民生救助、房屋采暖、住房困难等一批重点难点问题，把群众诉求和纠纷的"中转站"变为"终结站"，努力实现"小事不出社区、大事不出街道、矛盾不上交"，实现了群体访、越级访"零发生"，重复访大大降低。社区层面，依托社区调解委员会开展矛盾纠纷调解；矩阵层面，依托矩阵党支部，发挥党员和矩阵工作人员作用，及时发现、响应和解决居民诉求，推动问题矛盾在萌芽化解。

街道积极践行雷锋精神，建立了"3+N"矛盾排查调解模式，历史积怨化解率大大提升。"3+N"矛盾排查调解模式，即以平安建设办公室、司法所、派出所为主导，社区干部、职能部门、志愿者、律师等多方力量共同参与的矛盾纠纷多元调处机制。开展矛盾纠纷排查化解三步走。第一步，源头治理，抓早抓小，主动开展矛盾纠纷排查化解工作。从日常警情、12345热线、居民反映、社区主动排查发现等维度多向发力，全方位开展排查化解，形成统一台账，实行上账、销账制度。第二步，对于历史积怨较深的矛盾纠纷，经过多轮入户、见面工作后仍不能化解的矛盾，以"3+N"矛盾排查调解模式，用钉钉子精神"死磕"每个案件。第三步，组织每月开展矛盾纠纷排查化解工作例会。定期开展矛盾纠纷分析研判，通报各口相关情况，对难以处理的历史积案问题，协调相关力量，共同研究解决方案，对影响社会稳定的倾向性、苗头性问题及时分析研判和预警，做到"早发现、早谋划、早解决"。"3+N"矛盾排查调解模式实行一年后，街道上账各类矛盾纠纷化解70%以上，历史积案化解率提升50%以上。

第六节　搭建"雷锋讲堂"平台，让雷锋精神浸润心灵

为了推动学习弘扬雷锋精神进一步规范化、制度化、常态化，体育馆路街道依托地区丰富的红色资源，开设"雷锋讲堂"。作为公民道德讲堂的有力补充，"雷锋讲堂"旨在利用百姓宣讲这一喜闻乐见的方式，通过"每周一讲"的固定安排，让更多学雷锋、做雷锋的榜样走近百姓，讲述身边学雷锋的动人事迹，搭建起干部群众乐于参加、便于参加、覆盖广泛的学雷锋平台，引导地区学雷锋志愿活动成为居民的行动自觉，助推学雷锋活动在地区蔚然成风。2022年9月5日，"雷锋讲堂"启动仪式在街道党群服务中心举行，首都精神文明建设委员会办公室主任滕盛萍为"雷锋讲堂"揭牌，市、区相关部门领导、社会各界代表以及地区优秀运动员代表、社区居民、雷锋模范人物代表齐聚一堂，共同见证"雷锋讲堂"启动。

一、"雷锋讲堂"成为弘扬雷锋精神的学习阵地

"雷锋讲堂"揭牌设立以来，每周四下午线上线下同时开讲，截至2023年11月，已组织了50讲。"雷锋讲堂"的成功举办，吸引了一批忠实"粉丝"，既有居民朋友，也有街道社区基层干部，还有来自地区企事业单位的员工，他们带着"'雷锋讲堂'学习手册"，每讲必到，在课上认真听讲、汲取雷锋精神的力量，生活中他们成为雷锋精神宣传员，引导更多身边人把学习雷锋精神变成一种自觉习惯。国家体育总局直属机关党委组织群团处、理论宣传处、网球运动管理中心国家队党支部、体育馆路小学、龙潭西湖公园管理处、体育馆路派出所、北京红桥市场有限责任公司、德必天坛WE"园

区企业等积极到现场参加讲堂活动。街道还同步打造移动"雷锋讲堂"、数字"雷锋讲堂",利用微信视频号和抖音平台进行直播,制作编辑"雷锋讲堂"视频,吸引了社会各界人士的积极收看和反复学习。据初步统计,截至2023年年底,"雷锋讲堂"线上线下参与人数近6万人,体育馆路街道"雷锋讲堂"品牌已经深入人心,获得广泛好评。

开设之初,体育馆路街道党工委书记秦磊的带头讲授让体育馆路地区学雷锋生活化、常态化,带领党员干部群众深入、系统学习雷锋精神内涵,引导大家通过实际行动传承并弘扬新时代雷锋精神,街道领导班子成员纷纷到"雷锋讲堂",结合自身经历讲述雷锋精神在成就人生、攻坚克难、创造佳绩中的重要意义。"雷锋讲堂"还先后邀请解放军报社原副总编辑、《雷锋》杂志总编辑陶克将军,辽宁省雷锋研究会原会长陈雅娟,全国学雷锋标兵、全国劳动模范李高峰,天坛雷锋车队队长马燕利等进行宣讲;党的二十大代表、优秀运动员徐梦桃、次落也走进街道、社区宣讲党的二十大精神、北京冬奥精神和中华体育精神;陆军第79集团军某旅"雷锋班"第25任班长毕万昌、第26任班长张阳也受邀来到"雷锋讲堂",结合自身经历讲述学雷锋故事;于志明、徐东升等地区党员群众代表也积极参与雷锋精神宣讲,从不同角度介绍雷锋事迹、雷锋精神的力量和自身学雷锋的经历。

除此之外,体育馆路街道还举办雷锋精神宣讲会交流会、"弘扬雷锋精神 传承精神谱系 引领社区治理"研讨会、《雷锋》杂志东城区体育馆路街道社区治理经验增刊首发式等活动,邀请专家学者就传承雷锋精神和深化基层治理进行经验交流,启发街道党员干部群众深度了解雷锋精神、重新思考人生价值,筑牢理想信念根基,动员党员干部群众践行社会主义核心价值观,引导党员干部群众树立崇高理想追求,激发爱党、爱国、爱社会主义巨大热情,自觉把个人追求融入为党和人民事业奋斗中。

心理学中的"荷花效应"也称为30天定律。它讲述的是这样一种现象：池塘中荷花开放最初只开一朵，第二天开两朵，第三天开四朵……到第三十天，整个池塘都开满了荷花。做成一件事需要厚积薄发，需要积累沉淀，需要持续地坚持和执行。体育馆路街道通过形式丰富的雷锋精神学习活动和搭建以"雷锋讲堂"为品牌的雷锋精神学习平台，推动学雷锋成为体育馆路地区的一种普遍性社会现象，雷锋精神正在成为地区党员干部群众的共同思想基础和价值理念。

二、"雷锋讲堂"成为传承雷锋精神的重要基地

"雷锋讲堂"不仅仅是弘扬雷锋精神的课堂，弘扬地区优秀人物、事迹的舞台，也是学习和传承雷锋精神的重要基地。"雷锋讲堂"常设于体育馆路街道党群服务中心（法华南里小区）。党群服务中心建筑面积700余平方米，内设党建议事厅、党群之家、主题展览区和图书阅览区等六大功能区，同时也是街道新时代文明实践所的活动场地，集"党性教育、成果展示、文化活动、联络服务"为一体，体育馆路街道雷锋资料展就陈列在主题展览区。

体育馆路街道雷锋资料展展品由民间红色文化收藏家周金富老师无偿提供，包括60余件实物、120余幅历史照片，20世纪60年代《人民日报》《解放军报》《大公报》等媒体的相关报道，如毛泽东等中央领导为雷锋题词的相关内容、开国将帅署名文章等史料；还展示了雷锋邮票首日封、50余个版本的《雷锋日记》和400多本《劳动人民的好儿子——雷锋》书籍，以及60年代《解放军报》等媒体加强宣传学习雷锋事迹的文件。展览通过丰富的展品再现了雷锋感人至深的先进事迹，勾勒出鲜活的雷锋形象，集中展示了雷锋感恩人民、乐于助人、艰苦奋斗的品格，弥足珍贵。

除了丰富的展品，现场还通过多种形式集中展示了体育馆路街

道弘扬雷锋精神、深化基层治理的成果：悬挂了来自地区居民、企业的锦旗100余面；用照片墙的方式展示街道干部、居民雷锋志愿者、非公党员志愿者、青年突击队队员的身影，还有美团骑手、快递小哥参与地区城市管理和基层治理的画面；在地区"中小学生画雷锋"展示区，雷锋叔叔的剪影、雷锋精神感悟、志愿者等形象跃然纸上，也寓意着雷锋精神生生不息，代代相传。

雷锋资料展举办以来，辖区包括体育总局网球运动管理中心、拳击跆拳道运动管理中心、中国跆拳道协会在内的多个企事业单位组织党员前来参观，北京市东城区体育馆路小学、北京市第一零九中学小学部、崇文幼儿园、北京市第五幼儿园分园等也多批次组织师生观展。

一直以来，学校都是传承和践行雷锋精神的重要高地和关键主体。2023年3月，教育部出台了《教育系统关于新时代学习弘扬雷锋精神 深入开展学雷锋活动的实施方案》，按照方案要求，教育系统要坚持把传承雷锋精神作为立德树人的重要内容，将雷锋精神深度融入学校教育教学和人才培养的全过程、各方面，开展好学雷锋活动，把雷锋精神代代传承下去。在这一背景下，为了进一步深化雷锋精神的传承，体育馆路街道联合北京市东城区体育馆路小学，依托雷锋资料展和"雷锋讲堂"平台，建立了东城区首家"学雷锋实践基地"，并于2023年6月8日在街道党群服务中心"雷锋讲堂"揭牌。街道通过将"雷锋讲堂"引入学校，将小学生请到"雷锋讲堂"、参观雷锋资料展等方式，教育引导地区青少年从小学习和弘扬雷锋精神，以"学雷锋实践基地"搭建青少年参与地区丰富多彩实践活动的平台，推动学雷锋活动融入日常、化作经常。

"雷锋讲堂"的作用还在继续深化。为更好地增强干部执政本领，东城区委党校多次调研、深入研究，正在积极探索将"雷锋讲堂"作为体育馆路街道雷锋精神教学基地，打造基层党校教学基地示范点。体育馆路街道通过"雷锋讲堂"传承雷锋精神，凝聚发展共识，雷锋精神教学基地已经初具规模。基层党校教学基地示范点的打造，既优化了基层党校建设体制机制，提高了基层党校工作的实效和影响力，更为加强党员群众教育培训、党性锻炼，实现党的理论向基层"最后一公里"延伸畅通了渠道、搭建了平台。

"雷锋讲堂"宣讲内容一览

序 号	讲课时间	讲授人	职务身份	授课标题
第一讲	2022年9月5日	秦 磊	管理学博士、体育馆路街道党工委书记	在带头学雷锋上做个无私奉献的人
第二讲	2022年9月15日	兰亚亚	原国家队体操教练	四十余载时光献给体操房
		吴树德	原国家队体操教练、体操国际A级裁判员	从海岸边到体操台：收获坚守一生的事业
第三讲	2022年9月23日	刘从容	时任体育馆路街道党工委副书记、办事处主任	战"疫"中践行新时代雷锋精神
第四讲	2022年9月29日	侯 琨	国际奥委会文化与奥林匹克遗产委员会委员	传播奥运向未来
		高杉杉	德必天坛WE"园区员工	用心服务企业，和企业共成长
		李 冉	法华南里社区工作者	强国有我，并肩作战，休戚与共
		汪素荣	东厅社区居民	为中国加油！行走在体育强国的路上
		赵 静	体育馆路街道干部	在隔离酒店工作的21天
第五讲	2022年10月27日	彭恩强	体育馆路街道党工委副书记	雷锋精神与12345
第六讲	2022年11月3日	杨劲松	体育馆路街道纪工委书记、派出监察组组长	讲好新时代雷锋故事，弘扬中华民族传统美德

续表

序　号	讲课时间	讲授人	职务身份	授课标题
第七讲	2022年11月10日	郑凤荣	中国第一位打破世界纪录的女运动员、前国家田径队女子跳高运动员	弘扬雷锋精神追求卓越，贯彻党的二十大精神建设体育强国
第八讲	2022年11月17日	陈四清	时任体育馆路街道党工委委员、武装部部长	在新时代的伟大实践中传承弘扬雷锋精神
第九讲	2023年1月5日	赵文耕	甲骨文专家、文化和旅游部认证高级书法师、NFE元宇宙甲骨文第一人	福字的传承
第十讲	2023年1月10日	毕万昌	"雷锋班"第25任班长	新时代初心故事，雷锋班长续雷锋精神
		张阳	"雷锋班"第26任班长、共青团中央青年讲师	
第十一讲	2023年2月2日	上官子粮	中国航天科技集团航天十一院十二所软件室副主任、长征八号新一代运载火箭控制系统软件主任设计师	航天精神和逐梦星辰大海的故事
第十二讲	2023年2月9日	汪前程	体育馆路街道办事处副主任	重温雷锋精神，坚定理想信念
第十三讲	2023年2月16日	李高峰	全国学雷锋标兵、全国劳动模范	学雷锋永远在路上
第十四讲	2023年2月23日	徐梦桃	党的二十大代表、北京冬奥会冠军	学习贯彻党的二十大精神宣讲报告会
		次落	党的二十大代表、国家登山队队员	
第十五讲	2023年3月2日	刘学军	"京城好人"、英雄模范	我的榜样是雷锋
第十六讲	2023年3月9日	朱承翼	国家体育总局冬季运动管理中心原副主任，中国滑冰/冰球/滑雪协会前副主席	圆梦2022年冬奥会——我国冬奥会战斗历程

第四章　以雷锋精神探索基层治理模式创新和实践

续表

序号	讲课时间	讲授人	职务身份	授课标题
第十七讲	2023年3月16日	周金富	民间红色文化收藏家、《世界科学技术》杂志原总编辑	收集雷锋资料激励我前行——周金富的心得报告
第十八讲	2023年3月23日	于志明	抗美援朝英雄老兵	硝烟中的一袋水果糖
第十九讲	2023年3月30日	崔跃松	全国社会科学普及专家	学习贯彻党的二十大精神，争做新时代雷锋
第二十讲	2023年4月6日	王俊青	体育馆路街道办事处副主任	让雷锋精神在援疆之路上熠熠生辉
第二十一讲	2023年4月13日	卜金宝	《雷锋·强军号》编辑部主任、军休干部	弘扬雷锋精神，传播红色文化事迹
第二十二讲	2023年4月20日	李锐	北京广播电视台新闻节目中心综合部主任、主持人	身边的雷锋，平凡中的力量
第二十三讲	2023年4月27日	徐东升	南岗子社区居民	把雷锋精神带进南岗子58号院
第二十四讲	2023年5月11日	汪维信	建国门街道站东社区北京站老党员义务指路队队长	向雷锋同志学习要落实在行动上
第二十五讲	2023年5月18日	马燕利	全国第二批学雷锋示范点天坛雷锋车队队长	立足岗位，传递爱心
第二十五讲	2023年5月18日	王占坡	全国第二批学雷锋示范点天坛雷锋车队副队长	立足岗位，传递爱心
第二十六讲	2023年5月25日	侯金英	中国邮政集团有限公司北京市东城区分公司集邮与文化传媒部专业讲师、邮票鉴定师	邮票上的雷锋
第二十七讲	2023年6月1日	易卫平	北京工业大学耿丹学院城乡规划专业负责人、副教授	雷锋精神与自我革命

续表

序　号	讲课时间	讲授人	职务身份	授课标题
第二十八讲	2023年6月8日	郝海鸥	北京市东城区体育馆路小学党支部书记、校长	让雷锋精神代代相传，让学校到处都能看到"雷小锋"
第二十九讲	2023年6月15日	李　萌	党的二十大代表、东城区环境卫生服务中心时传祥所三八女子抽粪班班长	用实际行动践行党的二十大精神，做新时代时传祥精神的传承人
第三十讲	2023年6月29日	陈雅娟	雷锋辅导过的学生、辽宁省雷锋研究会原会长	雷锋辅导我一生
第三十一讲	2023年7月6日	汪　欣	北京红桥市场有限责任公司招商外联部负责人	国企品牌红桥市场，雷锋精神代代传扬
第三十二讲	2023年7月13日	何　婷	北京市第一零九中学小学部德育副主任	让公益成为一种习惯
第三十三讲	2023年7月20日	李洪海	中国人民革命军事博物馆书画院副院长	发挥书法魅力，弘扬雷锋精神
第三十四讲	2023年7月27日	贾丹阳 芮文祺 李明玉	北京市东城区培新小学五年级11班班主任兼中队辅导员及学生	赓续雷锋精神，践行志愿服务
第三十五讲	2023年8月3日	巨小浠	体育馆路街道南岗子社区党委书记	让雷锋精神在南岗子社区生根发芽
第三十六讲	2023年8月10日	汪志修	体育馆路街道党工委委员、办事处副主任	雷锋精神与我的本职工作
第三十七讲	2023年8月17日	王玉梅	体育馆路街道市民诉求处置中心主任	弘扬雷锋精神　干一行爱一行　做一颗永不生锈的螺丝钉
第三十八讲	2023年8月24日	罗青林	中共中央组织部、共青团中央第22批博士服务团成员、法华南里社区居民	感悟新时代雷锋精神在涉藏地区的传承与表现

续表

序　号	讲课时间	讲授人	职务身份	授课标题
第三十九讲	2023年8月31日	李广华	体育馆路街道体育总局社区党委书记	让雷锋精神在社区绽放更加璀璨的光芒
第四十讲	2023年9月7日	郭琦	体育馆路街道平安建设办公室副主任	弘扬雷锋精神，干好平安工作
第四十一讲	2023年9月14日	罗蜜	志愿服务主题邮局专职培训讲师、北京邮政特约主播	赏邮票，学雷锋
第四十二讲	2023年9月21日	王颖	北京市东城区培智中心学校办公室主任	学雷锋，我们在行动
第四十三讲	2023年9月28日	憨广伶	体育馆路社区卫生服务中心书记兼主任	弘扬新时代雷锋精神，践行医者初心
第四十四讲	2023年10月12日	李红霞	北京体育大学马克思主义学院副院长	感悟新时代女排精神，赓续传承雷锋精神
第四十五讲	2023年10月19日	杜进平	西唐社区党委书记、居委会主任	学习贯彻党的二十大精神，弘扬新时代雷锋精神
第四十六讲	2023年10月26日	陈淑凤	法华南里社区党委书记、居委会主任	雷锋精神，血脉传承
第四十七讲	2023年11月2日	李峰威	全国抗击新冠肺炎疫情先进个人、全国最美志愿者、"北京榜样·最美退役军人"、雷锋生前所在部队"雷锋班"原副班长、"雷锋班"班歌作者	以雷锋为榜样弘扬五种精神
第四十八讲	2023年11月9日	张青芝	法华南里社区金色夕阳雷锋志愿服务队队长	践行雷锋精神，雷锋志愿者在行动
第四十九讲	2023年11月16日	陆建强	体育馆路街道商会秘书长、北京和谐为民家庭服务有限公司党支部书记	弘扬雷锋精神 引领企业发展
第五十讲	2023年11月23日	时福茂	北京福茂律师事务所主任、党支部书记	全力维护农民工利益 做人民满意的好律师

第五章

以雷锋精神汇聚经济社会高质量发展合力

> 我觉得一个革命者活着就应该把毕生精力和整个生命为人类解放事业——共产主义全部献出。我活着,只有一个目的,就是做一个对人民有用的人。
>
> ——雷锋

第一节 "红砖阵地"创新区域化党建凝聚合力

德必天坛 WE"园区位于东城区体育馆路街道,占地面积28000平方米,由6栋主建筑及附属建筑组成。该园区曾于2011年改造为北京天坛古玩城。2016年,由上海德必文化创意产业发展(集团)股份有限公司牵头,通过人员疏解、环境改造和业态功能升级三管齐下,配合首都功能核心区的区域规划,与邻近项目联动发展,共同构建区域文化,将本项目升级为集文化交流、会展活动、绿色创意办公于一体的生态型文化创意产业园区。该园区于2018年成为北京市首批33家文化创意产业园区之一,当选2022年度北京市级文化产业示范园区。

依托德必天坛 WE"园区,体育馆路街道党工委打造了以党建引领、群企联动、文化汇聚、共享共治、阵地效应为核心内容,以融合党建与园区文化为目标,集党建成果展示、党员教育服务、文体活动阵地为一体的党建示范点"红砖阵地"，共建共享空间约1500平方米，为地区党员、群众参与党史学习教育搭建了平台；为园区企业提供支持、创造机会，不断提升企业获得感与幸福感。同时，依托"红砖阵地"党群服务中心，发挥园区集聚效应，街道党工委成立了新的社会阶层人士联合会、青年创业联盟等组织。2020年10月，"红砖阵地"统战工作站作为全区首个统战工作站正式挂牌，充分发挥"党建+统战"作用，紧密团结和凝聚企业中的统战人士，发挥他们的力量和作用，助推地区经济社会发展。街道党工委还将新时代文明实践所与街道党建示范点相互融合，着眼于凝聚群众、引导群众，以文化人、成风化俗，打通宣传教育群众的"最后一公里"。

"红砖阵地"统战工作站以街道新的社会阶层人士联合会（以下简称新联会）、归国华侨联合会（以下简称侨联）、商会、青年创业联盟等为支撑，打造"一站多点"统战工作阵地服务模式，建立"一组多元"统战工作队伍，构建"一体多维"工作机制，有效地将地区统战人士组织起来，广泛凝聚共识，充分发挥专长优势，不断迸发创新活力，助推地区经济社会高质量发展。街道打造以统战工作站为基础，多个联谊组织为延伸的"一站多点"的阵地服务模式，激发各类统战组织的资源与活力，实现各类组织的全域覆盖。在"红砖阵地"的品牌下，陆续打造街道新联会"新体汇"、商会"暖心会"、侨联"侨心荟"、少数民族"体街石榴红"等子品牌，促进品牌聚合。全面了解区域内各类统战对象的现状，建立健全资料台账。落实统战工作联席会议制度，实施定期或不定期通报情况的通报制度、重点统战对象的走访慰问制度、与社区内统战人士的联系沟通制度，全面了解掌握区域内的各类统战对象的动态情况，协助各类统战对象解决场地租赁、业务对接、融资贷款、生活服务等问题。

2022年至2023年，辖区各类统战组织结合自身群体特色，共计

开展活动 60 余场,有效调动了广大统战人士的积极性、主动性、创造性,不断增强组织凝聚力。街道商会、新联会开展非遗体验活动、雷锋资料展、妇女权益法律讲座、"统战人士一家亲"共享中秋主题活动等,面向企业召开政企茶话会、征求意见座谈会,开展政策宣讲、知识沙龙、企业下午茶等活动;街道侨联、台胞小组开展重阳游园、优惠理发、侨法宣传、健康知识讲座等活动,在春节等重要时节走访困难归侨侨眷,圆满完成侨联第五届委员会换届;关心关爱地区少数民族人士,以民族团结宣传月为契机,积极展示辖区优秀民族文化成果,擦亮以民族团结为核心的"体街石榴红"民族品牌创建;做好宗教场所安全服务保障,开展清真食品领域风险和信用评价工作及各项宗教领域安全突出问题专项整治工作;团结港澳台同胞,组织开展庆祝香港回归祖国 25 周年主题活动。2023 年 6 月,在红桥市场成立全市首家非遗行业新联会,进一步引导辖区内非遗传承人、自由职业者等统战人士增强凝聚力,弘扬非遗文化,履行社会责任。

统战工作站以新时代雷锋精神为指引,弘扬雷锋精神、传承中国共产党人精神谱系,引导地区统战人士将基层统战力量融入地区基层治理中,不断增强组织凝聚力和影响力。街道归侨吴璧月、新联会雷晓燕、葛思文、夏小雨等,以及商会庄再强、陆建强等统战人士都为街道重点工作建言献策,扮演好自身统战角色。商会、新联会企业积极参加街道"党群阵地@你"学雷锋志愿服务系列活动。商会企业家、无党派人士代表王涛多次荣获"全国优秀纺织企业家"称号和 2021 年"首都精神文明建设奖"荣誉,为商会企业和地区经济发展起到了很好的带头作用。

体育馆路街道党工委始终坚持"共建共享",建立了三张清单,即区域资源清单、各类组织和党员群众需求清单、基本服务项目和公众性志愿服务项目清单,并做好常态化更新,强化资源统筹使用。例如,在场地使用上,街道在德必天坛 WE"园区先后举办了多次报展、党史展览，精选150份精品党报、65件实物资料举办"见证百年恰是风华正茂"主题报展，分两次组织"两新"党员参观中国共产党历史展览馆。街道党工委还积极发动园区企业、党员参与基层治理，例如各支部党员放弃休息时间，主动参与社区"周末卫生大扫除"活动、垃圾分类、物业管理等基层治理的"关键小事"。园区内的企业党支部通过"一对一""多对一"的结对帮扶形式，走访慰问了地区4家低保家庭和困难学生。通过"惠民便民""志愿有我""政企联动"等多种资源共享的方式，凝聚文明力量，办好惠民实事。

为激发"两新"组织党建活力，体育馆路街道党工委引导"两新"组织弘扬雷锋精神、传承中国共产党人精神谱系、树立先进典型，并通过微信公众号、抖音、快手等新媒体平台进行广泛宣传，以点带面提高园区企业党建意识，在企业中营造浓厚的党建氛围。北京西席文化咨询有限责任公司（以下简称西席文化）团支部获得了2020年度"北京市五四红旗团支部"称号，西席文化党支部的书记袁文阳同志也获得了东城区优秀共产党员表彰。德必天坛WE"园区负责人雷晓燕获评"2022·感动东城"道德模范。对于这些先进典型，街道党工委积极宣传，号召园区企业、党员践行雷锋精神，增强党组织的凝聚力和战斗力。

随着新经济的快速发展，以快递等为代表的灵活就业形态大量涌现，其从业人员已经成为生活中密不可分的一部分，对于很多人来说，他们就像是城市中的"小蜜蜂"，不断穿梭在街头巷尾，用实际行动为城市运转贡献力量。因此，如何为快递等就业群体保驾护航一直是体育馆路街道关注的重点。

体育馆路街道党工委重点针对地区快递等就业群体逐步探索打造了"守卫蜂"服务品牌，一方面关心、关爱这部分群体，为他们做好服务工作，另一方面积极发挥他们的作用，共同护卫美好家园，结合基层治理，通过"四起来"体系开展工作。

一是"主阵地+分站点",暖心服务网络建起来。坚持以党建引领为核心,探索建立"守卫蜂"服务品牌,通过"主阵地+分站点"模式,重点依托"红砖阵地"党群服务中心,统筹城市管理党建驿站、商会暖心驿站、"小哥加油站"等分站点,建立辐射整个地区的密集型服务阵地,持续为地区新业态就业群体提供多元化、立体化的服务,如党建类、志愿服务类、政策咨询类服务等,不断推动地区快递、外卖网点及从业人员融入街道整体工作。

二是"电子地图+标牌标识",暖心服务站点亮起来。绘制街道"暖蜂驿站"电子地图,包括7个点位的地址、开放时间、联系电话以及5项服务清单,并通过实地走访以及微信群、微信公众号等平台向快递、外卖从业人员进行宣传和推广。

三是"应急服务+图书阅读",暖心服务物资配起来。重点打造"红砖阵地"党群服务中心"暖蜂驿站"服务点位,为其配备医疗箱、雨具、急救包、酒精等物资。目前各服务点位均可实现临时休息、纳凉取暖、饮水热饭、手机充电、无线上网、图书阅读等基本功能。

四是"动态管理+特色服务",暖心服务活动搞起来。定期组织开展人员摸排,实现动态管理。截至目前,开展咨询、普法、体检、义诊、节日慰问、互助服务等专场服务25场,300人次参与。进一步发挥平台作用,融合区域资源,冬送温暖、夏送清凉,持续推动共建共享共治模式,创新社会治理格局,用实际行动践行雷锋精神。

地区党建的聚合力在于信念和精神动力,发扬雷锋精神是激发基层党建聚合力的重要途径,营造良好的社会氛围,弘扬雷锋精神,让更多的人共同参与到地区党建中来。

第二节　全流程"紫金服务",持续优化营商环境

体育馆路街道坚持党建引领,牢固树立"企业为上、企业家为

要、企业发展为重"的理念，始终坚持营造亲商、安商、爱商、重商的良好氛围，以无微不至、无事不扰、无时不在的服务，将首都功能核心区首善标准贯穿改革优化促进产业发展的全要素营商环境，对标找差距、拓视野、谋发展，补齐短板，全力打造精心、用心、专心的首都功能核心区"紫金服务"金字招牌，助力企业在京发展。一是坚持做好政策宣贯，以"有效激发中小企业经济活力，促进中小企业创新发展"为方向，组织园区企业参与《2023年北京市支持中小企业发展资金实施指南》《东城区促进中小企业创新发展的若干措施》等惠企政策专项解读；二是以政企活动为纽带，搭建企业发展平台，组织优化营商环境系列举措，开展政企早餐会或下午茶活动，推送重点招商项目，推荐优质投资机构，推选优秀杰出人才；三是强化党建引领，在优化企业服务的同时弘扬雷锋精神，以雷锋精神动员"两新"力量积极参与基层治理，充分发挥辖区体育、科技、通信、金融、文化、卫生等区域化党建单位资源，积极引领企业参与社会治理，广泛组织青年参与志愿服务活动，引导动员地区新就业群体参与平安建设、"骑士小巷管家"等城市管理服务活动，切实提高企业社会治理参与感，在环境治理、社会公益等多领域开展生动实践。

一、"市场赋能"，雷锋企业"有速度"

中国电信股份有限公司北京分公司（以下简称电信公司）作为通信类重点企业，是街道长期以来的走访服务对象。通过持续开展联动走访活动，街道与企业之间形成了良好的沟通交流平台，大大助力了行业资源交流。特别是在关键时刻，电信公司充分发挥雷锋精神，强化社会责任担当，切实做好日常服务。

通过政府购买服务等形式的"市场赋能"，积极引导企业充分发挥其敏锐的信息研判、快速的决策响应、专业高效的组织管理等方

面能力,确保辖区应对紧急工作"有速度"。

二、"公益赋能",雷锋企业"有温度"

北京明诺云环境科技服务有限公司是街道从湖北引进的京外企业,主营业务是物业管理、清洁服务、技术推广服务等。为推动"税源建设"和"城市治理"两手抓,街道多次走访企业,协助完成办公选址、工商注册、税务登记等工作。同时积极邀请企业负责人参与街道生活垃圾治理交流研讨会,分享江苏南通、苏州等地先进的垃圾分类工作经验,与街道工作人员共同制定《垃圾分类与街道保洁一体化解决方案》。为补齐街道公共服务和基础设施短板,企业主动为街道无偿提供30辆、总价值15万元的垃圾清运车,协助8个社区建立居民垃圾分拣站、智能垃圾分类亭等,与街道共同参与城市更新工作,打造干净整洁的宜居环境。

持续优化营商环境,不断推进招优引强,强化企业精准化走访服务始终是街道提升区域生产力的重要抓手。通过激发企业履行社会责任的内在动力,合理引领企业的社会责任行动,有效实现了企业经济功能与社会功能、商业价值与社会价值的有效统一,在"劲""净"提升中强烈彰显社会治理"有温度"。

三、"专业赋能",雷锋企业"有力度"

在全市大力开展金融反诈宣传之际,中国人民银行营业管理部法律事务处与体育馆路街道一同协调联系辖区金融、文化、服务等区域化党建单位资源,以雷锋精神为引领,开展3场、涉及100多人参与的"我为群众办实事"之金融教育普及活动,围绕反假币、反诈骗、金融调解等宣传内容设置金融服务志愿岗、秉正纠纷调解展位、反诈App展位、Visa金融教育展位,提供实用反诈技能讲解,同时通过反假、虚拟货币、数字人民币等知识情景剧、话剧等文艺表演，推动金融知识进社区。通过走访慰问街道困难群众，捐赠百套米面油等慰问品，开展入户反诈防诈宣传，多措并举共同提升辖区社会公众金融素养，防范化解金融风险，确保打造明"净"清朗的金融环境"有力度"。

通过雷锋精神引领为营商环境塑形象、增动力、提品质，为街道经济发展提供强劲的动力源泉与精神支撑，激发企业参与社会治理意愿，整合企业参与社会治理能力，积极引领企业共建共治共享，实现政府治理和社会调节的良性互动，才能更好地建设人人有责、人人尽责、人人享有的社会治理共同体。

第三节 深化"疏整促"，全面提升城市治理精细化水平

一座城市的新气象，不仅体现在气派的高楼、美观的建筑上，也弥散在温馨有序的居民小区、井井有条的胡同街巷。老旧小区综合整治，既是推动城市更新转型、助推基层治理健康发展的现实需要，又是人民群众对美好生活的迫切向往。法华南里小区位于体育馆路街道法华南里社区东侧，建成于1993年至1995年，由北京住总北宇物业服务有限责任公司（以下简称北宇物业）提供物业管理服务。随着时间的推移、社会的迅速发展及居民对幸福生活的不断向往，小区内楼宇已显现出楼体外观老旧、配套设施老化且不足等情况。为改变小区现状，回应小区居民改造期盼，在街道和北宇物业的不懈努力下，法华南里小区7栋楼宇、527户居民，列入2021年北京市第一批老旧小区改造名单。为做好这项关乎百姓福祉的民生工程、民心工程，街道落实牵头职责，积极搭建沟通渠道，尽全力顺应群众期盼，做好各方的协调工作，协调北宇物业作为此次改造工程的实施主体，从项目筹划阶段开始，充分发挥主体作用，征

询居民意见，为居民答疑解惑，确定施工方案，共同助力老旧小区换新颜，提高了为民服务、城市管理的水平，切实解决了居民身边的烦心事、闹心事、揪心事，获得了群众的认可与支持。

从小区到街巷，从居民到单位，从防汛抢险到扫雪铲冰，变换的是空间、是主体、是时光，不变的是"人民城市人民建、人民城市为人民"。街道紧紧抓住疏解北京非首都功能这个"牛鼻子"，牢牢把握首都功能核心区功能定位和区域优势，积极融入首都功能核心区发展大局，坚持党建引领，弘扬雷锋精神，一体化推进疏解提质、综合治理和优化升级，不断提升城市治理精细化水平，助力区域高质量发展。

一、坚持多元共治，凝聚治理合力

城市治理覆盖面广、涵盖的主体多，街道坚持强化党建引领，弘扬雷锋精神，注重发挥多元主体力量，共同建设美丽家园。在老旧小区综合整治中，街道充分调动小区物业积极性，协调北宇物业作为实施主体，参与到老旧小区综合整治工作中，组织成立由法华南里社区、建设单位、监理单位、施工单位、专业分包单位成员组成的临时党支部，充分发挥基层党组织战斗堡垒作用和党员先锋模范作用，以党建引领，促建设施工水平提升，促居民满意度提升，做到问题前置、矛盾前置，确保稳步前行，保质保量完成老旧小区改造工作。

根据老旧小区综合整治清单及楼宇现状，按照相关政策先后进行 4 次居民意见征询，提高居民的参与度，增强居民主人翁意识，以"现实问题与居民诉求"为工作基础，"改民所想，改民所需"，充分摸清居民改造诉求，将居民诉求集中的内容作为改造的重点内容，为后续的改造设计方案优化提升、精准施策提供有效的依据。同时，根据设计方案制作展板在小区内进行公示，组织老旧小区综合整治设计方案居民见面会，让居民以直观的方式了解改造内容，收集居民意见。在收集意见期间，对于居民反映的合理诉求进行采纳，无法实现的诉求也作出明确答复及解释，消除居民的顾虑，从而更加顺利地开展此次改造工程。

二、强化"三个结合"，规范城市环境秩序

针对辖区城市环境秩序的问题点位，体育馆路街道锐意进取，攻坚克难，总结出"三个结合"的工作方法，治理城市违法建设、清理脏乱差点位，用看得见的城市环境变化让群众有更多获得感、幸福感。一是强化"决策部署"和"连片整治"相结合，准确把握工作方向。牢牢把握环境治理的"十无"标准，建立整治工作"一户一档"，逐一踏勘，建立台账，谋划分析，以群众反映强烈的问题作为着力点，分清任务的先后顺序和轻重缓急，以一条街、一个区域作为基础单元进行集中连片整治，强化整治效果。二是强化"群众工作"和"依法行动"相结合，加大攻坚工作力度。为赢得广大居民的支持配合，加强前期的宣传告知，以扎实的群众工作化解整治工作中的矛盾冲突。突出党建引领，充分依靠执法部门及各级党委、党支部的战斗堡垒作用，坚持把综合执法工作作为联系群众、服务居民的途径和抓手，耐心细致地做好群众工作。三是强化"服务民生"与"长效管理"相结合，争取群众支持。做群众工作始终坚持为民生服务的原则，坚持长短结合，整治前按照街道工作要求，与相关部门衔接，谋划腾退空间的后续利用，做到想群众所想、急群众所急，遇事有商量、问题有解决。

三、关注民生需求，办好群众身边事

城市治理的最终落脚点是民生需求，体育馆路街道下足"绣花"

功夫,坚持"干一行爱一行、专一行精一行",用心用情用力解决好群众的操心事、烦心事、揪心事,奋力提升辖区人居环境品质。

一是民有所呼,我有所应,推动停车秩序由"乱"到"治"。辖区大街小巷、小区院落曾经普遍存在随处停车、管而无效、治而不绝的静态交通乱象,大大影响了辖区居民的幸福感。为此,街道通过"北京市停车资源管理与综合服务应用平台",对辖区停车问题进行了一次彻底普查,摸清辖区停车场以及停车需求底数,经过分析,辖区停车资源缺口总量为2144个。街道从供给端、需求端双向发力,破解辖区停车难题。一方面,深度挖掘地区停车资源,积极动员地区企事业单位,最大限度盘活空闲车位,实现错时共享停车,新增共享停车位140个。另一方面,采取"街道吹哨,部门报到"的形式,开展道路交通综合执法行动,治理道路空间使用乱象。

二是未诉先办,深度治理,提升生态环境质量。街道深入打好蓝天、碧水、净土保卫战,认真落实各项巡查、管控措施。针对巡查中发现的餐饮油污堵塞污水管道影响居民正常生活问题,街道从"查、清、治"三方面着手开展"清管行动",打通责任落实的"最后一公里",办好群众家门口的事。"查"是主动巡查街道管辖级别的各类雨水设施,同时主动对接北京排水集团,共同对辖区内雨污混接点位逐一踏勘认定,建立雨污混接点位整改台账和任务时间倒排表;"清"是向物业单位和产权单位动员发出自主清理、群众监督的倡议,同时建立街道兜底处置的机制,实现时间提早谋划、质量全面达标、清掏动态持续;"治"是治理雨污错接混接和违法行为,对设施隐患问题进行全面整治,借助市级网格巡查力量,丰富固定违法证据的手段,严厉打击占用排水设施、向雨水管涵排污及倾倒垃圾等违法行为。

三是优化服务,应急抢险,守护城市安全。为做好地区城市运行保障,提高应急抢险效率,街道组建了城市应急抢险队伍,坚持24小时应急响应。无论白天黑夜,收到城市突发事件报告,街道应急抢险队第一时间到现场解危排险。大风大雨里，漏雨屋顶临时苫盖有他们，断枝树木抢险修剪有他们，路面积水清理有他们。节假日里，居民家中下水管线堵塞跑冒应急疏通有他们，水管爆裂漏水修补有他们，地面破损应急维修有他们。他们用主动担当、无私奉献换取了地区城市运行平稳，也收获了地区居民的认可与肯定。

第四节　守望相助当先锋，共建共治保民生

葱店社区居民马奶奶牢记街道三条"干群连心线"，发现居住社区内某单位院内冒烟，第一时间拨打热线电话，报告火情。接报火警信息后，街道应急值班室及时通知消防、公安等救援力量，值班干部、社区党委书记第一时间赶赴现场，合力扑灭初起火灾。按照《体育馆路街道防火工作奖励办法》，街道对马奶奶积极参与社会治理，发扬守望相助的雷锋精神，保障了居民生命财产安全的做法进行奖励。马奶奶也是自2022年出台该奖励办法后的首位获奖人。

百姓一向以安身、安心为基本人生观，并以居安思危的态度促其实现。由于社会的进步，人类生活方式愈趋复杂，可能危害生命安全的情况随之增加。体育馆路街道坚持人民至上、生命至上，把保护人民生命安全和身体健康作为重中之重，不惜一切代价，提供全局、全力、全时、全方位的强大保障，尽最大可能保障人民群众生命财产安全，以党建引领矩阵治理的方式，充分践行新时代雷锋精神，以钉钉子精神在辖区内推进安全工作。

一、爱岗敬业，为民服务有深度

（1）打造过硬品牌，发扬忠于职守的敬业精神。火灾事故是影响百姓安居乐业的因素之一。为防火于未"燃"，遏制"小火亡人"

事故发生，体育馆路街道在深入贯彻落实市、区两级防火安全委员会工作要求的前提下，自主创新，聚焦辖区影响消防安全的风险隐患以及可能发生火灾的平房院落、居民小区和公共场所等重点领域，组织开展"消防安全进万家"专项行动。街道各级领导干部、社区工作者深入一线，以矩阵为单位，逐门逐户宣传用火、用电、用气安全知识，地毯式排查居民家中、院落、楼道消防安全隐患，同居民签署《体育馆路街道消防安全检查单》，引导居民对家中存在的消防隐患进行整改，确保排查告知做到"无死角、全覆盖"，"不漏一人、人人皆知"。在专项行动中，街道各级领导干部、社区工作者将广大居民视作自己的亲人朋友，将每一座平房院落、每一个楼门单元当作自己的家。亲自清理堆物堆料，"七嘴八舌"地讨论并改进工作做法，充分践行雷锋精神爱岗敬业的时代内涵。同时，每一位基层干部的实际行动也带动广大居民参与共建共治，在实践中不仅打通了干群壁垒，更筑牢了体育馆路街道的"防火墙"。专项行动的经验做法也被东城区防火安全委员会推广至全区各街道。街道领导多次在安全工作会议上强调："'消防安全进万家'不是'一锤子买卖'，要形成长效机制，贯穿到安全工作的各个环节当中。"

2023年4月18日，北京长峰医院火灾事故发生后，体育馆路街道在全市大排查、大整治背景下，以"市民热线"为线索，充分发挥"消防安全进万家"长效工作机制，针对营房西街2号楼长期存在私装大门占堵消防通道的现象，从保障居民生命财产安全的角度出发，开展消防安全隐患专项拆除工作，拆除私装大门20处，更新楼道灭火器20具，清理堆物堆料、可燃物10余吨，畅通消防通道10条。"下狠手、出重拳"的工作模式，一举清除困扰老百姓心头的"顽疾"，保证了疏散通道的持续畅通。

（2）凝聚强大合力，发扬邻里守望的合作精神。为充分调动广大居民积极参与防火工作、自觉参与维护社会安全稳定的积极性和主动性，深刻践行"以人民为中心"的发展理念，及时控制和消除重大隐患,弘扬雷锋精神,鼓励见义勇为,街道制定《体育馆路街道防火工作奖励办法》,设立专项防火基金。该办法自2022年出台至今,已有10余人次参与火情报告或处置工作,共发放防火奖励1万余元。居民之间邻里守望、平安互助,共筑消防安全"防火墙"。为打通居民在遇到突发情况时的报告渠道,体育馆路街道制作了印有小型消防站、派出所和街道"干群连心线"电话的安全提示宣传品,入户发放安全提示卡片13000余张,在楼道或平房院落内张贴安全提示牌7000余块,在单元门口或院门口张贴安全提示板1700余块,建立保障地区安全的"三道防线"。

(3)练就过硬本领,发扬人有我优的钻研精神。"工欲善其事,必先利其器。"为切实提升基层消防应急处置水平,夯实地区消防设施基础,体育馆路街道按照"应建尽建"的原则,对6个社区微型消防站进行了升级改造,并以机关干部、社区工作者为班底,打造了8支社区微型消防队。通过购置消防柜,配备专业消防战斗服、正压式空气呼吸器、呼救器、消防斧等专业设备,提升消防安全硬件水平。同时,加强社区微型消防队同地区小型消防站的"四联"机制应用,定期开展消防战斗服及装备穿戴、消防基础设施应用、灭火操法等专业技能培训。确保专业消防队到场前,"有人实施灭火、有人组织疏散",第一时间处置突发情况。

二、忠于职守,为民服务有力度

在体育馆路街道有这样一支队伍,他们每日行走在楼宇园区、大街小巷当中,从事着生产经营单位的生产安全监督检查工作。大到企业安全文化,小到培训演练,他们都是企业的好帮手。炎炎夏日中,他们为居民院落更换灭火器,深入居民家中排查液化石油气安全隐患。他们就是体育馆路街道安全生产检查队,他们以忠于职守的作风,践行着"促一方发展,保一方平安"的新时代雷锋精神理念，为地区安全生产工作踔厉奋发、艰苦奋斗。

（1）聚焦"细枝末节"，促进"物防+技防"水平升级。干粉式灭火器是居民扑救初起火灾最行之有效的利器。风吹日晒往往会导致灭火器内部欠压、钢瓶整体结构损坏，不仅难以实现基本功能，而且变成了安全隐患。体育馆路街道安全生产检查队按照街道工作要求，结合地区实际需求，将灭火器日常巡检列为必查内容，对存在问题的灭火器及时标记、及时更换。同时，体育馆路街道根据灭火器使用年限和状态，坚持每年为小区居民楼、平房院落、机关各办公场所配备、更换、补充灭火器的常态化机制，持续夯实安全基础。为保证居民液化石油气安全稳定使用，街道早于全区统一免费更换安全型配件的时间，积极筹措资金，集中开展居民液化石油气配件检修及更换工作，共计为8个社区、2762户居民更换软管和减压阀。为补齐辖区电动自行车充电设施短板，共完成充电设施接口建设1085个，超额完成上级部门下达的电动自行车充电设施建设年度目标任务，居民电动自行车充电的困难基本得到解决。

（2）聚焦"关键环节"，丰富宣传培训手段。体育馆路街道研判地区总体安全形势，采取"线上+线下"相结合的方式，依托街道微信公众号、抖音平台及企事业单位宣传栏、电子屏等宣传阵地，全方位投放具有针对性的消防安全知识，引导辖区单位员工及居民认识火灾危害，主动学习防火常识、灭火知识、逃生技能，自觉开展"三清三关"（清理楼道、阳台、厨房可燃杂物，离家关闭电源、火源、气源），积极查改身边火灾隐患。街道防火安全委员会办公室主动同区消防救援支队对接，对8个社区的48名社区微型消防站队员消防技能再培训、再提升。在重大活动、重要时期，街道防火安全委员会办公室会同地区小型消防站，结合"一警六员"培训工作，面向辖区居民、生产经营单位，针对油锅灭火、电气火灾扑救等重要内容进行细致讲解，并开展灭火器灭真火、墙壁式消火栓出真水的实操实训。

（3）聚焦"扩充队伍"，广泛吸纳社会救援力量。"快递小哥"的电动车以及快递基站存放的可燃物，曾是安全隐患整治的重点。体育馆路街道曾多次组织快递行业专项检查行动，街道安全生产检查队也对快递站点开展"日常性、经常性"的隐患整改帮扶指导工作。2023年5月，京东物流北京新怡营业部主动同体育馆路街道对接，提出成立街道"小哥"消防巡查队的构想。街道领导对地区生产经营单位主动担当、积极作为的做法高度重视，并于当月成立了东城区首支"小哥"支援消防队。地区小型消防站、安全生产检查队定期开展"小哥"消防安全培训，充实街道消防工作力量，共同护航地区平安，进一步凝聚了体育馆路街道新业态新就业群体力量，充分发挥街道"守卫蜂"参与地区治理重要作用，利用快递小哥"走街串巷""敲门入户"的工作特点，对商户、居民进行消防安全提示，并及时排查老旧小区、平房区火灾隐患，防患未然。

三、群策群力，为民服务有热度

雷锋曾说："自己活着，就是为了使别人过得更美好。"化解矛盾纠纷，也是促进地区安全稳定的重要因素之一。体育馆路街道践行雷锋精神敢担当，构建街道—社区—矩阵三级贯通的工作体系，积极发挥"分级诊疗"作用。积极发挥不同层级的优势，上下联动、有效协同推进，拓展居民反映诉求的渠道，实现问题早发现、诉求全响应、服务零距离，把矛盾纠纷化解在基层，解决在萌芽。街道层面，依托街道一站式矛盾纠纷调解平台，设接待谈心室、"和谐之家"。社区层面，由社区民警、调解主任、物业人员、律师等共同组成社区调解委员会，设立专门调解室，及时开展矛盾纠纷调解。矩阵层面，坚持党建引领落地落实，依托矩阵党支部，积极发挥党员和矩阵工作人员作用，对于居民反映的诉求矛盾，第一时间发现、响应、解决，努力推动问题矛盾化于楼门、止于矩阵。

四块玉社区通过"居民议事厅"解决了流浪猫隐患问题。在四块玉社区某小区内,一些爱猫人士对院内的流浪猫照顾有加,积极救助。但一些居民也反映流浪猫的存在会对院里玩耍的小朋友和老年人造成一定的安全隐患。双方各执一词,形成对立,产生了矛盾。四块玉社区通过"居民议事厅"的形式,组织双方居民代表起草了"解决流浪猫隐患的方案",大家一起动手在固定位置搭建猫舍,定时投喂,轮流当"铲屎官",美化了院内环境,消除了隐患,有效化解了居民间的纠纷,更让"胡同里的喵星人"成为一道风景。

雷锋说过:"一滴水只有放进大海里才永远不会干涸,一个人只有当他把自己和集体事业融合在一起的时候才能最有力量。""全心全意为人民服务"是雷锋精神的实质,也是雷锋精神能够保持旺盛生命力和持久活力的源泉。体育馆路街道将持续发扬不怕苦、不怕累,干一行爱一行、专一行精一行的"螺丝钉精神",忠于职守,敬业奉献。以高度的责任感和使命感爱岗敬业,脚踏实地,求真务实,不忘初心、牢记使命,为辖区居民幸福安康而拼搏奋斗。

第五节 以文助治,让居民更幸福

雷锋志愿者张青芝是法华南里社区居民,也是一名在党近50年的老党员。她酷爱唱歌,被身边熟悉的邻居称为"社区百灵鸟"。在2016年的社区联欢晚会上,她带领着由十几名老党员组成的合唱队,以精彩的表演"轰动"了全场,一"战"成名。在社区居委会和居民的支持下,由她主导成立了金色夕阳合唱团。爱和邻居拉家常的她,把越来越多的邻居拉出了家门,拉进了团队。经过坚持不懈的努力,合唱团不断发展壮大,逐步升级成为包含合唱队、舞蹈队、时装队、朗诵队、小品队的金色夕阳艺术团,团队成员超过60人,且均注册为街道、社区的雷锋志愿者。在张青芝与团员的共同努力下,金色夕阳艺术团获评"首都志愿服务组织之星",并被评定为2020年社区社会组织性"四星"志愿团队,成为街道获此荣誉的第一支文化团队。

"我是革命一块砖,哪里需要往哪搬。"金色夕阳艺术团的志愿者是基层治理的先锋战士,是小巷管家,是社区环境的守护者,是地区安全的守护人,是社会治理的中坚力量。在体育馆路街道,像金色夕阳艺术团这样全员都是雷锋志愿者的还有管弦乐团、虹桥艺术团、民乐队、京剧队、吉祥鸟舞蹈队等26支文化团队。像张青芝这样热爱奉献,积极主动参与基层治理的雷锋志愿者还有373人,他们因文化而结缘聚到一起,因共同认可"服务人民,助人为乐"的雷锋精神而成为知己好友。

作为首都功能核心区街道,体育馆路街道始终以习近平总书记对文化工作的重要指示精神为引领,牢记首都"四个中心"城市战略定位,致力于做好首都文化这篇大文章。街道紧跟东城区创建国家公共文化服务体系示范区建设步伐,以"践行和发扬雷锋精神"为落脚点,积极为居民搭建文化获得、交流、展示的平台。

实现文化繁荣,"吃饱"是前提。在公共文化服务领域,体育馆路街道始终坚持"高标准干事"的工作态度,在满足《北京市基层公共文化设施服务规范》要求的基础之上,自建标准,自提要求。除了在春节、元宵节、清明节、端午节、七夕节、中秋节、重阳节七大传统节日期间,在8个社区广泛举办主题系列活动之外,还将学雷锋纪念日、"三八"国际劳动妇女节、世界读书日、全国助残日、五一国际劳动节、群众文化展演季、青少年暑期夏令营、"七一"建党节、国庆节等时期的文化活动列入街道为民办实事项目,做到有监督、有落实、有考核。以全年不少于12场文艺演出、36场公益培训、50场公益电影放映、65场各类文体活动的频次,让文化活动与居民"勤见面、常互动"。高频次的活动,仅依靠街道和社区工作人员是远远不够的。于是,370余名文化志愿者在各场文化活动

中既当"演员",又当"服务生"。在"吃饱"领域,他们就像辛勤耕耘的农民伯伯,有力推动解决了辖区3万余名居民精神文化生活的温饱问题。

实现文化繁荣,"吃好"是关键。随着生活水平的不断提高,人民对于精品文化的需求也变得更加强烈。对辖区文化能人和文化资源的深度挖掘,便成为体育馆路街道新时期繁荣首都文化的重点工作。照日戈图是体育馆路街道四块玉社区居民,也是国家级艺术院团退休的老艺术家,被纳入街道首批文化能人目录。在街道的大力支持下,由他作为召集人,逐渐组建了一支由国家京剧院、中国歌剧舞剧院、中国东方演艺集团、中国交响乐团等国家级艺术院团退休的艺术家组成的百人规模的管弦乐团。"全力付出,不问收获"是他的座右铭,为了让街道居民在家门口就能欣赏到国家级专业演员的演出,热衷公益的他,自发创办了新春音乐会。截至2023年,新春音乐会演出已成功举办5届,成为街道每年迎新春系列活动最受居民喜爱的精品文化活动。

随着挖掘工作的不断开展,扎燕风筝、北京面人、样式雷烫样、押花葫芦、剪纸等非遗项目也被发现,街道文化能人目录逐渐丰富。在他们的全力配合下,街道又推出了"青少年暑期成长营——非遗传承课"等系列活动,还将非遗融入党建、冬奥、垃圾分类等街道重点工作中,形成了一批又一批居民喜爱的精品文化活动。在"吃好"领域,这些可爱的文化志愿者又像技艺高超的厨师,为辖区3万余居民提供可口的精神文化食粮。

实现文化繁荣,"共建"是核心。文化来源于群众。发挥好雷锋精神的引领作用,让传承精神在群众中形成良性循环,文化繁荣才有长久活力。体育馆路街道在文化需求调研中发现,有不少退休居民有想培养一门业余爱好的愿望。为了满足居民的文化需求,街道立即在综合文化中心组织开设公益培训班。虹桥艺术团是一支由辖区居民和驻地企业工作人员自发组建的文化团队,截至2023年年底已有团员80余人。他们是有艺术基础的文艺骨干和文艺爱好者，拥有瑜伽、舞蹈、声乐、京剧、二胡、古筝、摄影等小团队。凭着较为丰富的艺术门类，虹桥艺术团承接了文化中心大部分公益培训任务。成员刘生军、陈南征、崔华明、郭喜荣、谢艳芳、邸燕平等一批优秀文化志愿者脱颖而出，受到居民的广泛好评。二胡培训班成果尤为突出，有十多名从零开始练习的学员，经过2年时间的学习，已经考取了正式的等级证书，还有不少青少年在家长的带领下来到公益培训班学习。这些有爱的文化志愿者又像一丝不苟的园丁，保证了辖区公共文化事业的欣欣向荣。

心有所信，方能行远，崇尚什么样的文化，就会走上什么样的道路。心怀"服务人民，助人为乐"雷锋精神的文化志愿者，本身就是体育馆路街道最宝贵的财富。文化之光，照亮前方。体育馆路街道携手广大雷锋志愿者，为地区居民提供更好的文化滋养，让居民拥有更多的获得感和幸福感。

第六节　群众体育增活力，推动"体育+社区治理"融合发展

"基层就是社会的细胞，是构建和谐社会的基础。"社会治理的重心在社区，社区治理是社会治理的基础环节，是创新社会治理的重要突破口。体育与社区治理是密不可分的，体育在助力社区治理方面具有提升社区居民身体素质、促进社区安全稳定、加强社区凝聚力、培养社区人才、推广体育文化等功能。

作为国家体育总局、中国奥林匹克委员会和中华全国体育总会的所在地，体育馆路街道有着独特的体育文化资源优势。近年来，街道始终坚持以人民为中心的发展思想，着力解决居民关心的"去哪儿健身"难题，着眼提升全民健身水平，结合满足居民"一刻钟

生活服务圈"需要，全力打造"5分钟健身服务圈"，建设"接地气、有温度、易获得"的全民体育服务体系，推进"体育+社区治理"融合发展，逐步形成以"自治、规范、协同、共治"为特点的治理模式。

在推进"体育+社区治理"的探索实践中，街道坚持以开展群众性体育活动为着力点，以提升全民健康为支撑点，通过弘扬体育文化、完善体育场地设施、打造社区体育品牌、繁荣群众体育活动、组织参与群众性体育赛事，构建以体育为核心的多方合作机制，发挥社区内原有力量，让社区居民参与其中，建立良好的社区治理体系，提高社区治理的有效性和实效性，实现体育与社区治理的共进、双赢。

（1）优化社区体育布局。结合辖区实际，按照规范化的体系、标准和居民区分布情况，在整合、科学利用辖区既有的国家体育总局田径场、中国棋院、龙潭西湖公园等体育场所资源的同时，合理布局社区体育活动场所，拓展辖区学校体育场地、天坛体育活动中心、德必天坛WE"园区等社会体育资源的充分有效利用。调整改造老旧体育设施，在原有基础上补齐补足体育器材，提升体育器材种类和健身功能。利用疏解整治出来的空地、提升改造的公园，形成点片结合、种类多样、资源共享的社区体育健身场所布局，使居民在家门口就能享有便捷的体育健身服务。

（2）打造社区体育品牌。自2010年开始，街道连续13年成功举办"社区体育文化节"，成为辖区居民一年一度的体育盛会，也成为街道社区体育助力社区治理的特色品牌。2021年"社区杯八人制足球赛"首开先河，为全市足球运动爱好者搭建了"同场竞技、以球会友"的平台。同时，探索开展社区"足球之家""活力健身团""环（龙潭西）湖马拉松"等活动。通过提供"接地气、有温度、易获得"的体育服务，以线上、线下相结合的方式，将"订单式、菜单式"服务渗透到居民小区，吸引居民回归社区，让社区体育融入社区治理、融入居民生活，凝聚居民关心和参与社区建设，推动社区治理水平提升。

（3）创新社区体育载体。为了适应新形势、新特点、新变化，更好地满足居民对社区体育的新需求，街道通过不断创新社区体育载体，让传统社区体育活动品牌焕发新的活力。针对2010年街道首届"社区体育文化节"，在项目设置上按照运动会的形式举办，比赛项目主要为射门比赛、围棋赛、乒乓球比赛。针对竞技项目较多，参与人群大都以青壮年为主，其他人群无法参与的实际情况，街道在反复调研、征求社区居民意见的基础上，形成了"社区体育文化节，就应该把大家都动员起来共同参与"的共识。在后来的"社区体育文化节"中适当减少了竞技项目，增加了不同人群都能参与的趣味项目。经过十多年的发展，街道社区体育运动会规模越来越大，各个年龄段的居民都能参与进来，参与的居民越来越多，在不断提高辖区居民健康生活品质的同时，也增强了社区的凝聚力，有效促进了居民参与基层治理的积极性和主动性。

2022年，以社区为单位开展群众体育活动，如健身操、羽毛球比赛、"八人制"足球赛、"亲子环湖跑"等活动。居民参与度特别高，上到六七十岁的老人，下到几岁的孩子，真正形成了"全民健身，全民参与"的良好局面，社区治理水平也得到稳步提升。2023年，以市、区、街道各级全民健身活动赛事为载体，广泛动员辖区单位、社会组织、居民参与，举办了"'学雷锋 争先锋'体育馆路街道6公里迷你马拉松暨第十四届社区体育文化节"活动，将群众体育的拼搏精神与基层治理进行有机融合，推进群众体育生活化、社会化，营造地区"向上""向善""向前""向好"的浓郁氛围。

社区体育在社区治理中既是"润滑剂"，又是"催化剂"和"稳定剂"。体育馆路街道在"体育+社区治理"融合发展的探索与实践过程中，着力增强"五力"、促进居民参与社区治理水平提升，主要体现在以下五个方面。

一是让体育融入生活、触手可及，增强群众体育辐射力，促进居民参与基层治理的健康基础提升。习近平总书记指出，"体育强国的基础在于群众体育"。体育馆路街道坚持问需于民，利用拆违整治的空间不断填补地区健身空间，打造出崇外大街五园、四块玉健身乐园、体育总局幸福园、街巷健身区等一批居民喜爱的"家门口健身乐园"。除了设施完善的笼式足球场、篮球场、乒乓球案等，健身乐园还有专门为老年人增设的棋盘、广场舞区等，形成了"遛弯散步有公园、腰背拉伸有器材、专业训练有场地"的社区体育新格局。融合各小区健身器材区域，体育馆路地区各类健身空间丰富多样。同时，街道与国家体育总局建立长效沟通合作机制，充分利用各类场馆、体育科研机构、体育医疗等资源，推动形成具有体育馆路街道特色的全民健身模式。配合东城区创建"全民运动健身模范区"工作，提升辖区居民对创建工作的知晓率和支持率，挖掘辖区内可利用空间，进一步盘活存量、用好增量。截至2023年，辖区居民基本都能在5分钟内找到适合不同人群的健身场所。千余名雷锋志愿者活跃在大街小巷，持续开展形式多样的新时代文明实践志愿服务；体育馆路街道以雷锋精神滋养服务意识，以体育服务激发城市活力，推动群众体育生活化、社会化，人民群众因社区体育所产生的获得感明显增强。

二是让体育凝聚人心、汇聚民力，增强体育品牌影响力，促进居民参与基层治理的力量提升。体育馆路街道作为"首倡之地"，积极组队参加北京市首届社区杯八人制足球赛并获得优异成绩；积极探索四块玉社区"足球之家"、"活力健身团"、"社区体育文化节"、街道社区"迷你马拉松"赛事、"亲子环湖赛"等活动，旨在通过形式多样、覆盖面广、适合不同年龄阶段人群的体育活动，号召更多居民参与其中。在第14个"全民健身日"期间，为引导居民践行文明健康的生活方式，街道在龙潭西湖公园举办"文明城区有你有我，全民健身大家参与"新时代文明实践活动，地区50余组青少年家庭参与活动；延续开展"和谐杯"乒乓球比赛等传统赛事；创新开展"夜尚京动"2022年夜间群众定向活动，引导群众科学健身，活动设置了亲子组、青少年组、成年组，比赛途中能体验旱地冰壶、划船机、跑步机等项目，使得夜间定向活动更具观赏性、趣味性和互动性；在暑假期间，长青园社区联合龙潭西湖公园举办全民健身——"一起运动 一起成长"亲子环湖赛活动，辖区20余组家庭、50余人参加活动；"德必北京秋季运动嘉年华"在德必天坛WE"园区举办，体育馆路地区十余家企业、百余位新的社会阶层人士共同参与秋季运动嘉年华活动，依托楼宇园区自发组织的群众性体育活动，进一步提高体育馆路街道新联会的凝聚力。

三是让体育春风化雨、培根铸魂，增强体育文化传播力，促进居民参与社区治理的文明指数提升。为了迎接北京冬奥会、冬残奥会，体育馆路街道以"弘扬体育文化，助力2022年北京冬奥盛会"为主题组织开展系列活动。通过开展冬奥冰雪体验活动以及冬奥知识答题、冰壶体验等活动，让辖区青少年切身感受到冰雪运动的魅力，激发青少年对冰雪运动的热情，让更多青少年了解奥运知识，领略奥林匹克精神；向驻区单位职工、街道社区居民发放滑冰体验票，涉及王府中環室外冰场、天坛体育活动中心滑冰场、浩泰（新世界）冰上运动中心三个滑冰场，共惠及200余个家庭；组织辖区40余名青少年走进中体奥冰壶运动中心（地坛馆）开展冰壶项目体验；在龙潭西湖公园开展"小小冬奥会"亲子体验活动，地区80余个家庭、200余名青少年和家长共同参加活动；在北京冬奥会开幕式当天，街道还组织开展"爱在四块玉 燃情冬奥会"主题宣传活动，体验冬奥会项目、为北京冬奥会加油助威。

四是让体育鼓舞人心、催人奋进，增强体育精神感染力，促进居民参与基层治理的道德素质提升。习近平总书记指出，加快建设体育强国，就要弘扬中华体育精神，弘扬体育道德风尚。体育馆路街道依托"雷锋讲堂"，以每周一讲的形式进行宣讲，分别邀请到体操伉俪吴树德、兰亚兰和"中国跳高第一人"郑凤荣等老一辈体育人以及热爱体育事业的各界代表讲述体育故事,在社区层面传承和弘扬体育精神,取得了热烈反响。体育强则国强,体育之表是促进国人身体健康,体育之里则是体育精神的传承与发展。奋进新征程,体育馆路街道始终注重从体育精神中汲取奋进力量,引导广大居民把团结协作、艰苦奋斗、奋勇争先的体育精神运用到工作生活的实践之中。

五是让体育与社区治理同频共振、相得益彰,增强社区体育融合力,促进居民参与基层治理积极性提升。为进一步调动居民参与社区建设的积极性,努力营造共建共治共享的社区治理氛围,以"社区邻里节"为依托,将体育融入丰富多彩的社区文体休闲活动中,积极营造和谐友善的社会氛围,增强居民对社区的认同感。葱店社区以"乐在棋中"为主题在驹章驿站举办"社区邻里节"活动,参加棋赛的既有朝气勃发的青少年,也有和蔼可亲的老年人,大家不分年龄,共享"棋"乐;西唐社区在崇文门外大街五园之一的宁园开展"邻里球技切磋大赛——乒乓球比赛",现场氛围既紧张又欢快,不时传出阵阵的喝彩声,更有"共建和谐美好家园 喜迎党的二十大召开"主题文化演出活动,通过舞蹈、合唱等形式,展现辖区居民朝气蓬勃、积极向上的精神风貌;体育总局社区开展了"社区邻里情,共享乐生活"活动,既有踢毽跳绳增强体质,又有书写寄语树立廉政之风,形式多样,寓教于乐,让邻里更加充满温情,让社区更加和谐宜居。

推进"体育+社区治理"融合发展,是一项系统工程,需要充分发挥社区体育在基层治理中的功能性作用,以不断提升全民健身水平为基础,实现提升社区居民身体素质、增强居民体质,减少因身体健康问题造成的社会成本,促进社区居民间的良好互动和交流。以不断创新社区体育活动品牌效应,促进社区安全稳定,为基层治理提供新的思路、新的方式和手段。通过组织赛事,居民了解了更多的法律、规则，增强了对法律的认知和遵守自觉性，形成文明守法、和谐共处的社区文化氛围。不断强化社区体育持久发展，在赛事中增强居民间感情交流、相互信任和支持，提升社区凝聚力，推动社区和谐稳定；不断推广社区体育文化，促进居民养成良好的健康生活方式、滋养体育文化和道德风尚，增强民族文化自信心，传播正能量，传递公益理念，引导居民朝着积极向上的方向发展；以社区体育事业的蓬勃发展为体育强国梦筑牢基础，为基层治理提供源源不断的动力和活力。

第七节 以人为本，全面推动政务服务暖民心

在新时代大力弘扬雷锋精神，对于坚持和发展中国特色社会主义具有重要的现实意义。政务服务工作是政府与群众之间的重要桥梁，政务服务工作人员在践行雷锋精神的过程中，应注意处理好雷锋精神与社会主义核心价值体系、与全心全意为人民服务、与坚持党的群众路线之间的关系。政务服务工作人员践行雷锋精神，要做到恪守职业道德、树立良好的个人形象、树立良好的组织形象。

政务服务工作人员践行雷锋精神，就是要把雷锋精神贯穿到自己的工作之中，爱岗敬业、无私奉献、立足岗位作贡献。这既是对雷锋精神内涵的丰富和发展，也是对雷锋精神实质的继承和弘扬。将雷锋精神融入政务服务工作中，能够让百姓体会到高质量、高效率的服务，不断提升百姓的获得感、幸福感。体育馆路街道在服务为民的方方面面做了大量的工作。

在为辖区退役军人服务方面，为进一步提升街道退役军人服务站工作运转规范化、制度化水平，切实打通服务退役军人"最后一公里"，为退役军人提供更优质的政务服务，根据各级政府有关决策部署，坚持以习近平新时代中国特色社会主义思想为指导，积极搭

建平台、创新方法、健全机制，不断丰富完善退役军人服务保障体系建设，及时解决退役军人的相关问题。从服务保障措施平台建设、思想政治教育平台建设、帮扶援助平台建设、权益维护平台建设、就业创业扶持平台建设着手，打造特色鲜明、退役军人满意的示范型退役军人服务站。

体育馆路街道退役军人服务站建立后，认真贯彻落实各项退役军人相关政策，稳步有序开展退役军人服务各项工作。努力践行雷锋精神，细化保障措施，做好示范站建设组织领导和设施配备；搭建退役军人思想政治教育平台，在组织上做好党员管理和思想引领；搭建退役军人帮扶援助平台，做好建档立卡和困难帮扶；搭建退役军人权益维护平台，做好信访接待和矛盾化解；搭建退役军人就业创业扶持平台，做好就业服务和创业指导。

建立退役军人活动站，以街道养老服务为依托，增加退役军人服务保障职能，整合中医健康、文化娱乐、志愿服务、为老服务、学习阅读等资源，吸纳地区退役军人参加活动。站内设立活动室和"老兵驿站"，以地区文化活动为依托，建立"老兵驿站"活动体系，组建由退役军人组成的合唱团、宣讲团、舞蹈队、管弦乐队，组织退役军人参加多种雷锋志愿活动，丰富退役军人文化娱乐生活。位于法华南里社区内的"退役军人之家"也已经初见规模，政策宣传栏、刊物阅读角更是为"退役军人之家"营造出温馨的环境氛围。

随着物质生活条件逐步改善，特别是互联网、大数据的广泛运用，人民群众对政务服务、民生保障的需求呈现出个性化、多样化的新特点，对服务的体验感、参与感和精准化提出更高要求，社会治理正面临全新挑战。

政务服务工作既要满足公众的基本生活需要，也要为公众提供最基本的生存和发展所需的条件，在满足公众生存和发展需要的过程中，还要通过政务服务工作使政府与公众之间建立起良好的互动关系。

民生无小事，枝叶总关情。体育馆路街道便民服务中心工作人员用实际行动强化公仆意识和为民情怀，用真情暖意为民解忧，切实解决群众的操心事、烦心事、忧心事。

为更好地提供政务服务，体育馆路街道便民服务中心实行AB岗工作制度。AB岗工作制度是指综合窗口岗位安排双责任人轮换值守，明确岗位常驻工作人员（以下简称A岗）和替补工作人员（以下简称B岗），在工作时间内实行无间断值班服务。A岗因出差、开会、培训、请（休）假等原因不能到岗时，便民服务中心要及时安排B岗到岗顶替A岗履行职责，保证窗口工作不受影响。

大厅前台设有综合窗口5个，其中出件口1个，老年人专窗1个，"办不成事"窗口1个，退役军人服务窗口1个，服务中央单位和驻京部队窗口1个；临时窗口目前有个人房租税收窗口1个。后台有低保办公室、财务办公室。业务审批方面，落实"前台受理、后台审批"工作模式，均在前台完成全流程办理。同时，设立雷锋志愿服务岗和党员先锋岗，建立"一岗一牌"，统一亮身份、亮职责、亮承诺，将践行雷锋精神融入日常接待、办事中，一张笑脸迎人、一句问候暖心、一个微笑达意、一颗真心待人、一腔热忱办事，让办事群众感受到高效优质服务。大厅还在各窗口设置了"咨询导办台"，为办事群众提供政策咨询、业务指导、帮办代办等服务。

为进一步提升群众办事便利度和获得感，根据北京市政务服务管理局《关于在各级政务服务中心开展延时服务的工作意见（试行）》的要求以及东城区政务服务管理局《北京市东城区各级政务服务中心开展延时服务的实施方案》，体育馆路街道便民服务中心实行"早晚弹性办""午间不间断"和"周末不休息"延时服务制度。"早晚弹性办"服务时间为8:30—9:00、17:00—17:30；"午间不间断"服务时间为11:30—14:00；"周末不休息"服务时间为每周六9:00—13:00，为群众提供不间断的政务服务。

政务服务工作人员践行雷锋精神，首先要把雷锋精神与社会主

义核心价值体系有机统一起来。政务服务工作人员践行雷锋精神要自觉与党的群众路线相结合,与主题教育相结合。要以雷锋同志为榜样,自觉践行全心全意为人民服务的宗旨,努力做好本职工作,真正做到全心全意为人民服务。

在新形势下,政务服务工作人员应始终牢记党的根本宗旨,在实践中贯彻落实党的群众路线,要做到想群众之所想、急群众之所急、解群众之所难。雷锋精神的实质就是"全心全意为人民服务",把为人民群众排忧解难作为自己工作的出发点和落脚点,在实践中认真践行党的群众路线,做到"权为民所用、情为民所系、利为民所谋"。

政务服务工作人员在政务服务工作中的形象对整个政务服务机构的形象有着重要影响。一方面,作为政务服务机构的工作人员,要切实提高政治素质和业务素质,具备良好的职业道德;另一方面,作为政务服务机构的工作人员,要注重自身形象的塑造,做到规范着装、文明用语、礼貌待人、态度热情。此外,还要注意处理好恪守职业道德、树立良好个人形象和树立良好组织形象之间的关系。

政务服务机构是非营利性组织,其主要职能是为社会提供公共服务,这些公共服务与人民群众的利益息息相关。因此,政务服务人员应时刻将自身形象放在首位。在日常工作中严格要求自己,规范自身言行,自觉遵守单位各项规章制度和纪律要求,努力做到爱岗敬业、团结协作、清正廉洁、诚实守信、乐于奉献。

"以人为本"是一切工作的出发点和落脚点。党的群众路线是党的根本工作路线,它要求政务服务工作人员要牢固树立"全心全意为人民服务"的信念,深入实际、深入基层、深入群众,了解和掌握群众的疾苦和困难,做到"知民情、解民意、排民忧"。党的群众路线要求政务服务工作人员要始终坚持"从群众中来、到群众中去"的原则和工作方法,倾听群众呼声,反映群众愿望,通过积极而有效的措施加以贯彻执行。同时,政务服务工作人员要不断提高自己的综合素质和业务能力，这样才能更好地服务于人民。

体育馆路街道将始终坚持以人民群众为中心，深入贯彻落实习近平新时代中国特色社会主义思想和党的二十大精神，不断创新、砥砺奋进，推动现代化社会治理，积极营造便利、高效、公平的政务环境，不断增强人民群众的获得感。

第八节 党建引领垃圾分类，红色基因注入绿色理念

家住幸福中街的费阿姨被街坊们亲切地称为"幸福村村长"。费阿姨说："自己退休在家，发挥余热担任垃圾分类普法监督员。"像费阿姨这样的志愿者还有很多，他们不辞辛劳、不计得失，彰显了雷锋为民服务的情怀。

设置垃圾分类普法监督员岗位是北京市开展生活垃圾分类工作的重要举措之一，为桶前值守人员统一赋予"北京市垃圾分类普法监督员"的身份，让大家开展桶前值守、指导分类工作时更有底气、更加规范。习近平总书记也关心、关注着垃圾分类志愿者。2023年5月21日，中共中央总书记、国家主席、中央军委主席习近平在给上海市虹口区嘉兴路街道垃圾分类志愿者回信中提到，"垃圾分类和资源化利用是个系统工程，需要各方协同发力、精准施策、久久为功，需要广大城乡居民积极参与、主动作为。希望你们继续发挥志愿者在基层治理中的独特作用，用心用情做好宣传引导工作，带动更多居民养成分类投放的好习惯，推动垃圾分类成为低碳生活新时尚，为推进生态文明建设、提高全社会文明程度积极贡献力量。"

垃圾分类工作是一项长期工作，功在当代、利在千秋。习近平总书记高度重视垃圾分类工作。2019年6月3日，中共中央总书记、国家主席、中央军委主席习近平对垃圾分类工作作出重要指示，实行垃圾分类，关系广大人民群众生活环境，关系节约使用资源，也

是社会文明水平的一个重要体现。推行垃圾分类，关键是要加强科学管理、形成长效机制、推动习惯养成。要加强引导、因地制宜、持续推进，把工作做实、做细，持之以恒抓下去。要开展广泛的教育引导工作，让广大人民群众认识到实行垃圾分类的重要性和必要性，通过有效的督促引导，让更多人行动起来，培养垃圾分类的好习惯，全社会人人动手，一起来为改善生活环境作努力，一起来为绿色发展、可持续发展作贡献。

中央全面深化改革委员会第十五次会议审议通过了《关于进一步推进生活垃圾分类工作的若干意见》。会议指出，生活垃圾分类关系人民群众日常生活，对于推动生态文明建设、提升社会文明程度、创新基层社会治理都有着重要意义。要从落实城市主体责任、推动群众习惯养成、加快分类设施建设、完善配套支持政策等方面入手，加快构建以法治为基础、政府推动、全民参与、城乡统筹、因地制宜的垃圾分类长效机制，树立科学理念，分类指导，加强全链条管理。

近年来，体育馆路街道坚持党建引领，先后制定并实施了《生活垃圾分类推进联席会议及工作专班组建方案》《垃圾分类宣传工作方案》《生活垃圾分类考核指标方案》等，组建主要领导任总指挥、主管处级领导任副总指挥、各部门及社区负责人为成员的工作专班，将桶站环境、值桶情况、入户宣传率等阶段性重点任务纳入社区党委考核，以钉钉子精神将垃圾分类工作做实、做细，把雷锋精神等红色基因注入源头，坚持贯彻分类减量等绿色环保理念。

一、广泛征求群众意见，高标准完善设施体系

地基打得牢，大厦才能建得高。把基础打实是着眼高水平治理的必然要求。要想做好垃圾分类工作，最基本的是完善硬件设施体系建设。体育馆路街道严格按照相关标准完成 151 处居住区垃圾分

类桶站的升级改造，建设8处分类驿站，设立厨余垃圾中转点1处、大件垃圾投放点和装修垃圾投放点19处、可回收物中转点1处，确保硬件设施齐备、规范。

体育馆路街道根据《居住小区生活垃圾分类投放收集指引（2020年版）》的要求①，通过流动议事厅、居民代表讨论、入户调研等方式广泛征求居民关于固定桶站选址的建议，结合现有桶站设置情况，完成撤桶并站工作，并按照"四有+三选配"②要求对151处固定桶站进行升级改造，打造"窗口式"桶站。街道组织服务商成立"洗桶小分队"，每周对平房区及无物业管理小区的垃圾桶进行擦洗、消杀，成为地区的精神文明窗口。2022年，街道将桶站原有塑料圆环更新为透明拉手并插入宣传卡片，宣传卡片一面根据平房区、楼房区的实际情况与特征编制专属的垃圾分类顺口溜，另一面印有街道、社区、物业三方的联系电话，全天候接听居民来电，桶站成为地区"干群连心线"的宣传窗口。针对平房区老年人居多、丢弃大件废弃物不方便的情况，街道为平房区居民提供大件废弃物"一键呼"免费上门回收服务，居民有需要可拨打桶站拉手上的物业电话联系人员入户回收，桶站也成为为民服务窗口。此外，街道在两个小区试行科技桶站建设，为四类垃圾桶加装智能桶盖，实现自动开启、关闭，方便居民投放垃圾。

2022年6月，双玉西街的其他垃圾中转站改造建设完成，原本荒废的空地经过平整地面、更换大门、加装监控后，可供体育馆路地区南片体育总局、四块玉、长青园等社区中转其他垃圾。街道与东城区环境卫生服务中心对接，每日两次集中收运，物业公司定时

---

① 《居住小区生活垃圾分类投放收集指引（2020年版）》中规定的固定桶站规模：每150~200户居民宜设置1处固定桶站，服务半径不宜超过70 m。可根据各品类垃圾产生量，合理设置垃圾收集容器数量。
② 北京市印发的《进一步做好生活垃圾分类桶站规范化建设工作方案的函》提出固定桶站要达到"四有+三选配"标准，即有防雨棚（桶架）、有LOGO、有公示牌、有宣传栏，因地制宜选配监控设备、语音提醒设备、洗手装置。

定点到中转站内等待收运,期间做好保洁消杀,大大缩短了垃圾在地存续时间,避免了排队进楼造成的占道拥堵,有效提高了其他垃圾的转运效率。与此同时,街道分批次对物业公司、驻街单位垃圾收运车设置车辆识别码,实现一对一精准对接,杜绝混装混运现象。利用生活垃圾排放登记系统,实时查看四类垃圾每日清运量化指标,掌握厨余垃圾分出率、生活垃圾减量率,确保垃圾清运可量化、底数清、情况明。

二、持续开展宣传动员,长效化推动习惯养成

宣传动员是一项贯穿垃圾分类全过程的持续性工作,形式和内容没有"一招鲜",不能"千篇一律""千人一面",需要因时制宜、因地制宜、因人制宜,通过"组合拳"实现长效化、长期性的文明习惯养成,推动百姓将内在的垃圾分类意识转化为外在的行为习惯。

用好微信公众号、抖音平台扩大宣传覆盖面。通过"体街网虹"抖音平台发布"主任手把手教您垃圾分类"等系列视频作品,开展垃圾分类短视频有奖征集和话题参与活动;通过街道微信公众号、微博举办线上垃圾分类挑战赛,使居民足不出户就能掌握分类技巧。2023年起,街道八个社区涌现出了一批直播达人,每周三下午通过"体街网虹"抖音平台进行垃圾分类直播活动,走进辖区学校、沿街商户、居民家中,分别宣讲垃圾分类要求及源头分类知识,通过第一视角增加观众的代入感,不断扩大垃圾分类宣传覆盖面。街道联合红桥市场开办非遗大师垃圾分类公开课,与芬兰、韩国、日本等开展垃圾分类联合交流活动,号召地区居民特别是青少年参与垃圾分类宣传。

体育馆路街道通过"敲门行动"等传统方式开展地毯式宣传垃圾分类。近年来,街道组织各社区开展垃圾分类"敲门行动"入户宣传11轮,覆盖居民14000余户,发放宣传折页近10万份、垃圾袋

3万余份。街道社区工作人员、雷锋志愿者走进居民家中，查看"两桶一袋"设置及源头分类情况，送上厨余垃圾、其他垃圾两类垃圾袋，引导居民养成就地分类习惯，践行"光盘行动"，杜绝铺张浪费。

近年来，体育馆路街道举办"垃圾分类亲子嘉年华"六一活动、垃圾分类亲子趣味运动会、垃圾分类手绘墙等主题宣传活动116场，共计近10万人次参与；发放宣传材料近5万份，引导居民践行源头分类减量的绿色低碳生活方式。坚持以点带面，幸福大街59号院、东四块玉南街4号院、体育馆路12号院、新裕家园等10个小区成功入选北京市垃圾分类示范小区，北京鑫企旺物业管理中心红桥文化创意分中心成功入选北京市生活垃圾分类示范商务楼宇，发挥示范引领作用。

三、组织居民志愿服务，多形态引导各方参与

北京市要求凝聚多元共治力量，推进垃圾分类和基层治理深度融合，形成人人动手、主动作为的良好氛围。体育馆路街道引导物业公司、驻街单位、辖区居民共同参与到垃圾分类工作当中，为地区治理出谋划策、贡献力量，变街道社区单打独斗的"独角戏"为多方力量共同参与的"大合唱"，共绘基层治理"同心圆"。

街道广泛动员，发动力量参与值桶。组织在职党员、居民志愿者、驻区单位工作人员等，每天早7时到9时、晚6时到8时在桶站值守和指导。全年参与桶站值守的在职党员共计1968人次、居民志愿者共计45318人次，充分发挥了"熟人宣传"作用。2021年年底，为提高值桶效率、降低人力成本，体育馆路街道在151处固定桶站、8个分类驿站及各类垃圾中转站均安装了监控设备，实现7×24小时实时监督各个设施点位的垃圾分类投放情况和运行管理情况，完成了桶站值守从"人防"到"技防"的转变。成立百姓宣讲

团,由分类达人、值桶志愿者、普法监督员等组成,进校园、进单位、进社区,共开展巡回宣讲100余场,覆盖人群30余万人次。

垃圾分类作为"关键小事",事关民生福祉、城市文明和首都形象,既是推动生活方式现代化的关键,又是推动基层治理的要点。体育馆路街道深入贯彻习近平总书记关于垃圾分类工作的重要指示精神,坚持党建引领,弘扬雷锋精神,赓续红色血脉,以钉钉子精神抓好这件"关键小事",持之以恒、久久为功,以小切口撬动基层治理大革新,不断改善地区人居环境,使辖区居民获得感、幸福感、安全感更加充实、更有保障、更可持续。

第九节 践行雷锋精神,做新时代城市管理卫士

体育馆路街道接到的上级督办单指出,辖区某院内约4万立方米建筑渣土长期堆放未清运,苫盖不严,扬尘污染严重,附近居民反应强烈,问题久拖未决。街道综合行政执法队经现场调查核实发现举报内容属实。针对上述问题,执法人员当即向该单位的工程具体负责人告知相关法律法规,督促现场整改,落实苫盖措施防止扬尘,指导该单位做好渣土清运准备工作,例如办理渣土消纳证以及告知办理条件、流程及注意事项,研究制定清运时间表。同时,为推动清运工作开展,综合行政执法队加强了对该单位的日常检查现场督促。执法人员拓宽执法思路,设身处地,换位思考,将"服务"融入"执法",多思考为什么,勤沟通,了解当事人的困难,把服务做实、做细、做精,解决当事人的急难愁盼问题,一步一步督促和引导其办理相关手续。最终,在综合行政执法队和其他部门的共同努力下,当事人终于手续齐全地开始了渣土清运工作。

北京市东城区城市管理综合行政执法体制改革以来,将城市管理和综合行政执法体制改革作为推进城市建设的重要手段,坚持

以人为本、依法治理、源头治理、权责一致、协调创新的原则，构建权责明晰、服务为先、管理优化、执法规范、安全有序、运行高效的城市管理体制机制，提升城市精细化管理水平，推进国际一流的和谐宜居之区建设。通过上述案件，体育馆路街道综合行政执法队转变管理方式，让执法有力度更有温度，逐渐探索形成了对公单位执法服务管理新模式，即"一个标尺、双核模式、三时机制"。

"一个标尺"是以群众获得感、满意度为唯一标尺，主动担责开展工作。一方面，在接到举报后，综合行政执法队第一时间到达现场进行检查，发现问题第一时间处置。另一方面，综合行政执法队加强日常监管，不放松执法标准。执法人员心中时时刻刻想着如何让责任单位履行职责，还周边群众一个整洁舒适的生活环境。因此，在执法过程中，严格依法办事，坚守公平正义，提高沟通效果，进行普法教育，不断推进相关工作开展。

"双核模式"是指加强日常监管与强化执法服务相结合，对责任单位做到监察执法与指导服务并重的执法模式。综合行政执法队作为基层执法力量，既是国家行使行政执法权力的主要载体，也是做好执法服务工作的终端末梢。在全过程执法过程中，综合行政执法队始终贯彻以执法促服务的理念，注重教育引导当事人指导办理相关手续，最终赢得当事人对执法工作的认可与配合。这是以严格执法促进企事业单位服务水平提升、助力地区优化营商环境的有益探索。

"三时机制"是指形成"接报调查及时、巡查监管时时、宣传教育乘时"的创新监管模式。这种以举报人诉求为出发点的执法服务意识，赢得了群众好评，同时有力地震慑当事人，消除侥幸心理。在日常检查中，将被举报的当事人作为重点监管对象，做到每日必查，监督整改落实情况。在与当事人接触过程中，不断宣传守法意识、社会责任意识、环境保护意识，以敬畏之心消除侥幸之念，激

发当事人的社会责任感,有效推动执法工作的顺利进行,还辖区一个清洁环境。

"城,所以盛民也。"习近平总书记强调,"城市管理应该像绣花一样精细"。城市精细化管理,必须适应城市发展,要持续用力、不断深化,提升社会治理能力,增强社会发展活力。

一、下绣花功夫打造"低噪"宜居家园

衡量一个城市、一个家园是否宜居,噪声是其中一个重要方面。设想这样一个场景:在节假日、周末,休息在家的居民被施工噪声打扰,整日不得安静;或者在工作日的清晨,还没睡醒的上班族被施工噪声扰了清梦,心里窝了一肚子火。《中华人民共和国噪声污染防治法》第六十六条规定:"对已竣工交付使用的住宅楼、商铺、办公楼等建筑物进行室内装修活动,应当按照规定限定作业时间,采取有效措施,防止、减轻噪声污染。"

街道综合行政执法队经常接到关于施工扰民的群众诉求,有时是居民家里周末装修,有时是建筑工地赶早儿抢工。执法队全年365天、全天24小时有人在岗,接群众诉求后总是第一时间赶赴现场,摸清情况,进行协调和制止,必要时向施工方送达"谈话通知书"进行约谈,保障居民休息,还辖区一个清静的环境。

学生在家上网课,遇上老旧小区施工改造工程在赶施工进度,施工噪声导致学生无法专心听课。心急如焚的家长找到了街道综合行政执法队,执法人员站在双方的立场思考问题,想办法、理思路,经过沟通和协调,将学生网课课表告知施工方,让其尽量在上课的时间段内进行一些低噪工程或者远离该栋居民楼施工,既减少了对学生的干扰,又保障了施工进度,实现了施工单位和辖区居民的"双赢"。

二、下绣花功夫"共治"和谐街区

在"绣花"的过程中,"共治"是基础。为了广泛发动群众参与到城市管理中,综合行政执法队志愿服务者起到了良好的宣传、教育、引导作用,通过各种形式的宣传引导强化社会自律,增强社会各界的责任和义务,形成全社会共同参与、爱护环境的良好局面。在执法过程中,法律的执行本身是刚性无私的,对违法行为的处罚是不讲条件的,但综合行政执法队所面对的大多是弱势群体,需要柔性执法,讲求执法的温度与热度,否则很容易引起群众的不理解和不支持。综合行政执法队志愿服务者作为一支社会志愿服务力量,运用其热心的服务、柔性的劝导方式、亲和的政策宣讲,成为执法者和当事人之间的一道润滑剂,让执法少了些阻挠,多了些理解与和谐。

在体育馆路街道辖区,综合行政执法队把志愿服务精神与雷锋精神紧密结合,从春季文明游园的宣传员到生活垃圾分类投放的指导员,从进校园宣传食品安全的守卫员到进小区宣传使用燃气的安全员……综合行政执法队志愿服务者把服务居民、服务商户与实现个人价值有机结合起来,用实际行动诠释了雷锋助人为乐、服务人民的奉献精神。

天坛公园是北京市内重要的世界文化遗产,每到春花进入盛放期,游园赏花的游客、旅游团体明显增多。体育馆路街道辖区的天坛东门因交通便利,游客数量最多,综合行政执法队以"天坛文明我守护"为主题,联合综合行政执法队志愿服务者定期开展志愿服务加油站活动。志愿者整齐的着装、热情的服务、饱满的状态赢得过往游客的赞赏。志愿者有的是来自驻区企事业单位的职工,有的是辖区学校学生,有的是辖区团员青年,还有的是辖区退休老党员及热心居民。他们聚在一起,用行动践行志愿精神。

体育馆路街道在天坛公园东门紧邻地铁口附近设立了雷锋便民服务岗亭。它是雷锋精神的延伸触角，将贴心、便利的服务带到游客身边。同时，充分发挥岗亭的辐射带动作用，依托其开展各种志愿服务活动，不断提高志愿者参与的积极性。雷锋便民服务岗亭提供针线包、饮用水、急救箱、手机充电、文明劝导、义务指路等服务，解决游客出行遇到的各种"小难题"。综合行政执法队依托雷锋便民服务岗亭开展了垃圾分类、物业管理、文明出行等丰富多样的实践活动，真正让"小岗亭"发挥"大作用"，打通服务群众的"最后一公里"。

三、下绣花功夫扮靓城市"脸面"

传承雷锋精神，贵在知行合一。习近平总书记强调："我们既要学习雷锋的精神，也要学习雷锋的做法，把崇高理想信念和道德品质追求转化为具体行动，体现在平凡的工作生活中，作出自己应有的贡献，把雷锋精神代代传承下去。"新时代弘扬雷锋精神，应不断拓展内容、创新形式、丰富载体，引导人们"真做雷锋""做真雷锋"，让雷锋精神在全社会蔚然成风。

沿街商铺是一个街区的"脸面"，落实好"门前三包"管理责任制，是推进城市精细化管理的一项长效机制。为扮靓城市"脸面"，综合行政执法队定期或不定期地开展"门前三包"专项整治行动，践行城市管理"721"工作法，引入"管理+服务"，通过前期入户宣传引导，变被动管理为主动服务，变末端执法为源头治理，以服务为基础，以行政执法处罚做后期保障，增强辖区商户落实"门前三包"责任制的自觉性，促进城市精细化管理再升级。

商户新店开业在门口摆放花篮，是很多商家的通行做法。但是，根据《北京市市容环境卫生条例》《北京市"门前三包"责任制管理办法》的规定，商户不允许超出经营门窗在店外摆放物品。街道综合行政执法队在看到新店开业时，主动上门普法送服务，提示商户要及时签订《"门前三包"责任书》，及时与垃圾清运单位签订各类垃圾清运合同。如果是餐饮单位新开业，还需要通过检查燃气管线和阀门、燃气报警器或者燃气间等为责任单位的用气安全保驾护航。至于门口摆放的开业花篮，在当前优化营商环境的大背景下，在不占压盲道、不阻碍交通、没有大面积占道的前提下，允许摆放三天。通过行政执法权限和力量向基层延伸和下沉，为街道基层治理赋权赋能，将"法"送上门，让法律观念深入人心，为打造优美社区环境打下良好的基础。

"学习雷锋"从来不是一个简单的口号，不是某项具体工作，它是一种时代的感召、一种力量，深深地镌刻于中华民族的血脉灵魂中。践行雷锋精神、彰显社会责任，综合行政执法队的队员在本职工作岗位上认真履职尽责，通过一点一滴的行动切实将雷锋精神内化于心、外化于行，用实际行动诠释执法队心系人民、执法为民的理念。

第十节　发挥群团桥梁纽带作用，助力地区治理体系建设

2023年五四青年节前夕，西席文化联合创始人袁文阳有些忙碌。袁文阳作为地区团组织优秀青年代表，经由体育馆路街道团工委推荐，参与了共青团中央组织的中央广播电视总台五四青年节特别节目和东城团区委组织的"坚守红楼初心 勇担青春使命"东城区青年马克思主义读书会暨2023年五四青年节主题活动，与社会各界青年代表同台共议，向东城区以及全国展现杰出青年风采。

2018年7月，西席文化来到体育馆路地区办公。2019年11月，在体育馆路街道团工委的推动下成立西席文化团支部，迄今吸纳10余名团员，完成2名团员的推优入党。袁文阳和他的创业伙伴们及

西席文化成为街道重点关注和扶持的对象,体育馆路街道也成为这群逐梦青年的第二个家。作为街道区域化团建工作的典型案例,街道在推动西席文化团支部建设中也不断积累了凝聚青年力量助推地区现代化建设的经验和方法。

一是坚持政治引领,不断拓展团组织的覆盖面。2023年4月,袁文阳代表东城区社会领域建团的典型代表接受了共青团中央《中国共青团》杂志的采访。在采访中袁文阳提到:"我们团支部就像一个大家庭,帮助这群年轻人真正融入北京,为首都北京发展贡献力量。"正如袁文阳所说,为了带领青年为地区发展建设发挥更大的作用,体育馆路街道团工委坚持以社会领域团建工作为抓手,定期摸排辖区非公企业数量,推动满足建团条件的企业成立团支部。经过多年发展,体育馆路街道有非公团支部32个,非公团干部及团员106名。体育馆路街道团工委通过社会领域建团工作,有效消除组织覆盖空白,建立青年人才库,将青年力量牢牢地凝聚在团组织周围。

二是坚持服务至上,不断增强团组织的凝聚力。2022年,在庆祝中国共产主义青年团成立100周年大会上,习近平总书记要求广大团干部做青年友,不做青年"官",多为青年计,少为自己谋。体育馆路街道团工委通过定期走访、调查研究,及时掌握青年需求,并通过协调各类资源帮助青年群体。对于袁文阳和他的企业来说,体育馆路街道团工委了解到青年创业者在创业初期急需打响品牌、扩大人脉资源,便通过区域化团建联席会等形式帮其拓展展示平台、助力其参评市区级奖励等。西席文化团支部荣获2020年度"北京市五四红旗团支部"称号,西席文化团支部负责人袁文阳被选为体育馆路街道党代表;同年,袁文阳荣获东城区"最美90后"建功立业类奖项。这些荣誉的取得,有效提升了企业的影响力和发展力,为企业发展注入政府关怀,让共青团组织成为企业"信得过、靠得上"的组织。

三是坚持思想引导,不断增强团组织的号召力。体育馆路街道团工委以雷锋精神为引领,将学雷锋活动深入青年群体中,通过组织青年开展青春读书会、"说茶道廉"廉政教育、开展青年论坛等形式,让地区青年深入学习新时代雷锋精神的内涵。在街道疏解整治、重大活动服务保障中,青年群体主动站出来,"哪里有需要,哪里就有青年突击队",充分展现了新时代中国青年的勇气和担当,是当之无愧的新时代"雷锋"。

"青年兴则国家兴,青年强则国家强。"雷锋在1959年10月25日的日记中写道:"……真正的青春,只属于那些永远力争上游的人,永远忘我劳动的人,永远谦虚的人。"回到新时代,袁文阳在朋友圈的个性签名是"青春是用来奋斗的,没有奋斗过的青春是无聊的人生"。虽然时代不同,但是他们坚定理想、积极阳光、热爱劳动、勤于奋斗的精神是一样的。体育馆路街道团工委将继续通过弘扬雷锋精神,坚持政治引领、服务至上、思想引导,将广大青年紧紧地团结在党组织和团组织周围,不断为中国式现代化治理贡献青春力量。

不仅仅是体育馆路街道团工委在行动,近年来,体育馆路街道妇联也将雷锋精神引入地区妇女和家庭工作,把雷锋精神作为家风家教的"切入点",通过妇女的"她"力量,影响带动以家庭为单位的小集体。一个人影响一家人,一家人影响一个社区,用妇女带动地区家教家风建设,从而推动地区妇女及家庭参与基层治理,共同打造更美好的家园。

"中国幸福家庭"李铁光家庭是体育馆路街道辖区内著名的学雷锋家庭。李铁光被称为"集报大王",他从少时便开始集报,至今已有60多年。所集报纸多达2.6万种、10万多份,他视报纸为珍宝,但他毫不吝惜地把这些报纸用于公益事业。他将家中的两居室腾出一间,适时布置特定报纸,随时无偿接待前来参观的居民,接待参观人员超过3000人次。他被体育馆路小学聘为"爱国主义教育校外辅导员",每到寒暑假,他便为前来参观的学生讲述报纸里的故事。

除了在家办展,李铁光还让收集的报纸"走"出家门,"走"出北京。他经年累月无偿提供报纸展览,参与街道社区及上海、郑州、南京、常州等不同地区不同领域的报展,展示的主题包含迎国庆、迎奥运、学雷锋等多种类型。大小上百次公益展览,李铁光分文不收,获得的奖金他也全数捐赠。李铁光说:"报纸是活生生的历史教材,可以教育来观展的每一个人,让大家珍惜现在来之不易的美好生活,激发爱国主义情怀。自己收集的报纸能发挥一点这样的社会作用,是一件十分有意义的事情,自己这些年的坚持也就值得了。"就这样,学习雷锋乐于助人、无私奉献的精神成为李铁光一家的家风,李铁光的爱人受到鼓舞,主动参与社区治安值守、周末卫生扫除等志愿服务工作,两个女儿也将雷锋精神带到小家,教育孩子从小学雷锋,长大做雷锋。

通过实践,街道妇联形成了三点经验。一是要充分认识家庭参与基层治理的重要意义。积极思考家庭作为基本单元发挥作用的实践方式和途径,通过搭建好载体平台,提升组织的凝聚力和向心力。二是要积极动员广大妇女和家庭参与。不断拓宽工作维度,使物管会、妇女小组等组织真正成为党和政府工作手臂的延伸。三是要深入调研,积极探索。认真梳理"家庭参与基层治理"的任务要求,积极总结经验、收集问题建议,不断推动调研成果呈现。助力东城区发展更加和谐、家庭更加幸福,为每一位女性提供更好的成长舞台。

"天下之本在国,国之本在家。"家训家风是宝贵的精神财富,也是珍贵的文化传承。体育馆路街道妇联将雷锋精神和地区家教家风建设相结合,带动了一批以妇女为代表的雷锋志愿者,形成了许多弘扬雷锋精神的家庭,有效助推地区和谐发展。

2023年的"三八"国际劳动妇女节,在体育馆路街道忙碌的街道社区女性干部、地区女性志愿者收到了一枝芳香美丽的玫瑰花,同时送来的还有一个免费眼科检查,这些都是地区企业北京茗视光眼科给妇女们送来的节日礼物。北京茗视光眼科自 2011 年成立以来，深耕近视医疗领域，为不同年龄的近视人群提供全生命周期的眼科健康服务，定期到社区为居民免费开展眼科健康讲座、进行免费的眼科检查，社区居民纷纷点赞。

街道总工会持续将雷锋精神引入企业、引入职工，通过多种方式号召地区企业弘扬雷锋精神，利用自身所长，为基层治理增强专业力量。

一是搭建"一街两会多联动"多层级联动治理体系。"一街"指的是街道党委，"两会"指的是街道总工会和企业工会，"多联动"指的"着眼需求、合力治理"的原则。街道总工会根据街道党委的指示精神，联系企业工会参与地区治理，充分发挥"桥梁"作用。

二是加强工会工作者队伍职业化建设，筑牢企业内部参与基层治理的内生动力。街道总工会对地区企业的工会工作人员定期开展培训，将雷锋精神纳入培训体系，通过不断提升企业职工对雷锋精神的学习领悟能力，不断拓展整个企业学习雷锋精神的深度和广度。

三是维护企业职工权益，助推和谐劳动关系，夯实地区治理的稳固之基。街道总工会通过完善企业建会制度，不断探索新时代和谐劳动关系的制度和方式，优化走访调查流程，在地区逐步形成全方位、多层次的工会创建体系，积极监督各企业贯彻落实职工保护权益，从而让企业职工安心工作，有更多余力参与到地区建设和发展中。

体育馆路街道团委、妇联、工会等群团组织，通过宣传雷锋精神，为基层治理引入群团力量，多层次服务居民需求，地区治理水平迈上了新台阶。

第六章

坚持共治共享,用"德治"引领社区"善治"

> 一个人的作用，对于革命事业来说，就如一架机器上的一颗螺丝钉。螺丝钉虽小，其作用是不可估量的。我愿永远做一个螺丝钉。
>
> ——雷锋

第一节　西唐社区以"三亮三问"推动基层治理新模式

西唐社区位于体育馆路街道西北部，北至广渠门内大街，南至法华寺街，东至东唐街，西至磁器口大街，属于老旧平房居住区，共有368座平房院、9栋简易楼，常住人口1315户、3251人。辖区内高龄独居老人比重大，困难群体、流动人口较多，人口结构复杂，管理难度较大。

西唐社区在党建引领基层治理的过程中存在的问题和难点包括两方面：一方面是因为地处待拆迁区域，整合社区各方资源的力量不足；另一方面是社区居民参与自治、议事的主动性不够。为解决上述问题和难点，一方面，社区党委深挖和发挥区域化党建作用，利用联络员会、全体会、专题会，与企业党支部一起构建议事协商平台，推动社区建设提速、服务达标。发挥党建协调的联合纽带作用，推动党建引领社区、小区治理创新，保障各项工作程序规范、高效开展。另一方面，由于地处待拆迁区域的特殊性，存在基础设施老旧、历史遗留的邻里纠纷频繁、无物业等问题，在日常工作中，社区党委探索实施"三亮三问"工作法，鼓励社区党员、志愿者、居民以"主人翁"的姿态发挥自身优势，主动参与社区的"大事小情"，增强居民的获得感、归属感。此外，通过社区宣传栏、党员（居民）微信群，展示大家参与基层治理的成果，促进更多居民对社区"大家庭"的认同。

西唐社区党委总结工作经验，提炼工作方法，提出了党支部"三亮三问"工作法：①"主动亮身份，问需于民"，即深入一线，开展常态化走访，征求心愿，推进帮扶；②"真诚亮承诺，问计于民"，即通过打造党员小院，召开小院议事，想出好点子、拿出好办法；③"真诚亮服务，问效于民"，即强化工作职责，打造党建品牌，提高居民满足感。社区党委坚持从群众急难愁盼问题入手，真正将居民诉求当作自己的事情办，进一步拉近与辖区党员、群众的距离，较好地凝聚起多元共治合力，使辖区居民享受贴心服务。

多年来，体育馆路街道将雷锋精神融入基层治理，通过宣传弘扬无私奉献的雷锋精神，潜移默化地增强了社区工作人员对雷锋精神的思想认同，营造"人人学雷锋、人人做雷锋"的工作氛围，培养社区工作人员志愿服务意识。西唐社区党委结合社区实际工作，在充分运用"三亮三问"工作法的同时进行创新，将深化区域化党建作用；依托书记工作室加强队伍培育；弘扬雷锋精神，打通服务居民"最后一米"这三种工作模式融入基层工作中，深刻把握雷锋精神时代内涵，让雷锋精神在新时代绽放光芒，助力基层治理。

一是传承中国共产党人精神谱系，深化区域化党建作用。将支部建在网格上，依托突出特色功能，发挥党建合力，让辖区"小阵地"发挥"大作用"。通过组织"两新"组织和社区党员、群众参观以"弘扬雷锋精神、传承精神谱系、引领社区治理"为主题的巡回展览，将学雷锋与"微心愿"等志愿服务活动深度融合，开展

"人人争当志愿者，人人争做活雷锋"的辖区企业党组织与社区党员的文明实践活动；通过建立和实施党员志愿服务积分兑换制度，弘扬和激发党员志愿精神，推动学雷锋志愿服务形成良性循环。社区党委发挥党建协调作用，与企业党支部联动，根据居民需求建立"冯云龙志愿维修队"和"西唐方圣心连心志愿服务队"。依托未诉先办和"我为群众办实事"，针对高龄老人、残疾人等特殊人群，社区工作者践行雷锋精神，开展开放式"零距离"服务，企业党支部主动上门服务、走访，以暖心服务赢得居民信任。

二是发挥书记工作室培育效能，让雷锋精神在社区生根发芽。充实书记工作室内容，创新活动形式，丰富载体，形成以学习、宣传党的创新理论为主线，以雷锋精神和志愿服务技能为中心的一体化理论体系，使书记工作室弘扬雷锋精神的方式更具体，学雷锋活动更有吸引力。第一，以"学雷锋、做雷锋"为主线，向学员、社区社工讲述身边的好人好事，生动形象地将新时代雷锋精神传递给大家，让大家了解雷锋故事，学习雷锋精神。第二，采用"社工+志愿者"的服务形式，让雷锋精神焕发出更加绚丽的光彩。通过深入弘扬雷锋精神，进一步号召学员、社区社工向雷锋同志学习，组织社区社工开展"践行二十大、志愿我先行"学雷锋志愿服务座谈会，交流学习雷锋精神的时代内涵以及传承、践行雷锋精神的重要意义，发挥示范带头作用。组织学员和社区志愿者到党员家中，为行动不便、没有微信账号的老党员开展"上门送学"志愿服务，为老党员读党史。第三，巧用工作室职能，设立"书记工作室开放日"。通过开放日的接待活动，社区主动靠前、联动治理，提供前置化垂直服务，未诉先办，热线诉求数量实现稳步递减，让居民的关心事、操心事、烦心事件件有落实、有回应。第四，开展志愿大集，设立书籍借阅、缝缝补补、中医义诊、义务理发、自助工具角等板块，深化雷锋志愿活动，为居民提供免费服务。

三是弘扬雷锋精神，打通服务居民"最后一米"。接诉即办工作是社区工作的重中之重。坚持贯彻《实施意见》，社区工作者主动问需，不断畅通沟通渠道，从源头发现问题；不分节假日，社区工作者采取"三办原则"，落实"五到位"等工作机制，实现诉求矛盾信息全收集、问题解决全响应，第一时间与居民面对面沟通，每个环节紧盯不放，确保办细办实，有效降低投诉率，实现社区接诉即办到未诉先办的升级转化。同时，不断完善"热线+网格"工作模式，着力打造从接诉即办到未诉先办、不诉自办的工作体系。在社区树牢"学雷锋当先锋"思想，始终以居民满意为工作标准，受理居民提出的各类诉求，实现居民意见、建议受理不推诿和及时高效办理。用心用情用力办好每一项实事和民心工程，积极回应居民诉求，以"行动力度"提升"服务温度"，居民的幸福感和获得感不断提升。在公共服务方面，积极探索"党建+公共服务"新模式，利用好党组织服务群众经费，打造"助邻社"的党建品牌，通过平整路面、安装太阳能灯推动改善居民的居住环境。此外，发挥区域化党建协调作用，提升民生保障水平，推动政务服务提质增效。

  社区是服务居民的"最后一米"。西唐社区通过深化"三亮三问"工作法，开展各类居民议事活动20余次。通过居民议事会、小院议事会、党员院长会议，推进垃圾分类宣传工作；解决了电动车充电桩安装落地问题；开展旧物置换，消除磁器口大街居民院落堆物隐患；推进磁器口大街慢行空间改造；解决了磁器口小院因伐树产生的居民意见分歧问题；解决了磁器口一户一表改造问题；处置了东大地街59号下水管口倾倒垃圾问题；解决了沙土山后街下水道改造问题；等等。

  "三亮三问"工作法，"亮"的是社区党组织和党员的责任与担当，进而激发居民参与社区治理的活力；"问"的是辖区群众的真实诉求，体现的是人民至上的工作理念。西唐社区党委立足地区居民人口结构、基础设施等实际，坚持从群众急难愁盼问题入手，通过

学习"枫桥经验"和深化未诉先办,努力实现小事不出社区,真正将居民诉求当成自己的家事来办,让群众享受到贴心服务,积极构建社区治理的新格局,提升基层治理水平。西唐社区党委被评为北京市先进社区党组织、东城区五星级社区党组织。

第二节　葱店社区"四心"工作法,小案件撬动大治理

葱店社区位于体育馆路街道中部,北至东壁街,东至驹章胡同,南至法华寺街,西至葱店西街,属于老旧平房居住区,共有362座平房院、10栋简易楼、2处文物保护单位(法华寺、电车修造厂),常住人口1420户、3126人。辖区内低保人员196人,残疾人486人,流动人口千余人,管理难度较大。人员流动性强、接诉即办案件类型复杂等成为社区治理的痛点和难点。

习近平总书记指出,让人民生活幸福是"国之大者"。要从人民群众关心的事情做起,从让人民群众满意的事情做起,带领人民不断创造美好生活。葱店社区践行以人民为中心的发展思想,聚焦"七有"要求和"五性"需求,坚持民有所呼、我有所应,不断深化党建引领接诉即办改革,建立对市民诉求快速响应、高效办理、及时反馈、主动治理的为民服务机制,努力探索以市民诉求驱动的超大城市治理的有效路径。

葱店社区以接诉即办工作为抓手,采用"四心"工作法,将党建引领、社区治理、幸福提升汇聚成接诉即办工作的"向心力",有效解决了困扰百姓的烦心事、操心事、揪心事。

一是共谋发展"真心"干。民生实事做什么、怎么干,根本在于一颗真心。接诉即办工作既是检验社区工作的试金石,也是为民服务的载体。葱店社区党委紧盯群众急难愁盼问题,深入分析研判,找到症结,统筹力量,真心投入,对关键点、问题点、案件重点进

行梳理总结和精准分类，做到不因小事而不为、不因事大而难为、不因事多而乱为。无论是涉及群众日常生活的问题，还是涉及群众切身利益的民生小事，只要群众有反映，社区工作者都认真聆听，以最朴实的沟通方式，从居民的角度看待问题，实打实地给居民答复。

二是扑下身子"诚心"干。接诉即办工作是促进群众诉求快速响应的工作机制，居民通过拨打热线，反映的每一个诉求都是他们的所急所盼。社区接到棘手案件时，难免会出现畏难情绪，特别是遇到一些沟通难度大或者不熟悉的居民。社区工作者想入户跟居民建立联系，居民未必有时间。现在，社区工作者逐步转变了工作思路，通过12345热线，增加了了解居民的机会。社区第一时间积极响应，不仅与居民面对面进行真诚沟通，在办理过程中还进一步拉近距离、增进信任，为以后的社区工作打下坚实基础。

三是搭建平台"耐心"干。社区工作干得好不好，群众说了算。2023年1月，街道值班室电话告知葱店二巷一处房屋吊顶因大风掉落了。葱店社区社工第一时间联系到了居民，实地查看了现场情况。社区协调多方力量，帮助解决难点问题。因临近春节假期，周边能联系到的装修队都已经回老家过年了，葱店社区社工一边安抚居民情绪，一边利用微信多方沟通，最后联系上抢修队进行了临时抢修。事发第二天一早，抢修队赶到了现场，跟居民沟通详细的维修事项，了解到这处房屋属于私房，且掉落的部位是居民自己装修的吊顶，房屋管理部门是不予维修的，但是居民表示对此事不能理解。为解决居民最现实的问题，葱店社区社工耐心地给居民摆事实、讲道理，待居民情绪稳定后，把如何处理房屋问题的工作进展、解决措施、后期问题等一一列举，最终取得了居民的理解，并在大家的共同努力下解决了问题。

四是长效服务"恒心"干。思想通，则工作通。葱店社区要求班子成员带头下户走访居民，与居民经常性地交流，变被动为主动，

变上访为下访,畅通群众利益诉求表达渠道。常下户与居民面对面沟通,以最亲切、最有效的交流方式,多了解居民诉求,推动实现未诉先办。通过每周社区例会,社区将问题分类分级进行汇总,做到提前预判。社区有一个高频举报人,社区工作者耐心找他谈心,实时掌握他的最新动向和需求,化解矛盾纠纷,真正做到向前一步暖民心。同时及时总结,找准共性和个性问题,将工作中的好经验、好做法固化为具体措施,形成服务群众的长效机制。

葱店社区把做好接诉即办工作作为深入学习贯彻党的二十大精神的务实举措,坚持问题导向、民生导向,大力弘扬雷锋精神,积极打造居民议事厅,引导居民主动参与社区治理,居民的事居民议、居民的事居民定。通过社区内骨干党员以及居民组长、小巷管家、楼门(院)长等多种形式,畅通全方位、常态化公众诉求表达渠道和社情民意收集渠道,着重关注地区重点人群。主动梳理辖区内的重点难点问题,利用各方力量,共同配合攻坚,同时加强对社区治理过程的监督,确保治理工作取得实效。强化居民自我教育、自我管理、自我服务,使社区精细化治理水平不断提升,有效解决了老旧平房区各种急难险重问题,不断推动接诉即办向未诉先办、主动治理转变,提高居民的获得感、满意度,让社区居民的生活更方便、更舒心、更美好。

第三节 雷锋精神与东厅社区治理

东厅社区位于体育馆路街道东北部,北至广渠门内大街,南至东厅胡同,西至标杆胡同,东至幸福大街,共有184座平房院、3栋商品楼、1栋商务楼,常住人口1239户、3073人。2008年,东厅社区被评为首都精神文明社区;2023年,东厅社区被评为"首都最美志愿服务社区"。

东厅社区党委结合本社区的实际特点和居民需求,在雷锋精神引领下,始终坚持以"四有"标准要求两委班子成员,始终坚持党的领导,着力增强基层党组织的政治功能、组织功能,凝聚基层社区治理的强大合力,使雷锋精神既体现出鲜明的时代特征,又具有更强的针对性和可操作性,切实解决"我是谁、为了谁、依靠谁"这些根本问题,时刻把居民装在心中,将居民对于美好生活的向往作为自己的奋斗目标。

一是推进社区服务精细化。针对待拆迁平房区域的现实状况,社区在实际工作中,推进社区服务精细化,全方位提升服务品质。在胡同管理中,管片工作人员尽量做到了解街道各业务部门的政策和工作要求。在走街串巷过程中,根据不同居民的情况和需求,推广和介绍惠民政策,让大家尽可能地享受到国家低保、住保、老龄、残疾等多方面政策。社区工作者经常和居民说:"我们能为大家做的,绝不落空。"同时在工作中,以情感人,以情化解问题,以情联系千家万户,平息调解矛盾,消除百姓心中的疙瘩。

二是做实接诉即办工作。社区与各职能部门积极联系,迅速响应,全力配合,把社区能做的做在前面,将社区基础工作做扎实,努力促进多部门快速、有效合作,为居民协调办事,永远冲到前边,全程跟踪处理,确保居民的事有人办、能办好。例如,有居民反映新裕家园楼间的人行路路面破损,坑洼不平,婴儿手推车无法推行。社区工作人员接到居民意见后,马上实地勘察了新裕家园几栋楼之间的外出人行通道,发现确实存在安全隐患,从居民安全的角度考虑,随即启动协商协调机制,联系街道有关部门汇报了此情况。街道城市管理办公室也非常重视和支持社区工作,马上安排施工队介入通道修补工作。在炎炎烈日下,从当日下班前接到居民热线,到三天后路面修补完成,街道、社区、物业、施工队通力合作,及时处置了安全隐患,消除了居民的出行烦恼。居民一句"解决满意"的暖心表达,是社区工作人员最欣慰的事。

三是建设专业社会工作者队伍。积极推动社区工作者参加社会工作师、助理社会工作师专业资格考试的学习，并且在班子例会上学习社区工作专业知识，以及其他社区先进的工作经验和方法，探讨社会工作的经验和教训，让大家既认识到理论学习的重要性，又能明白紧密联系群众的必要性，帮助广大社区工作者更快地完成角色转换，更好地胜任新时期社区工作的任务和要求。

四是提升为民服务效能。社区活动设施和场所的局限性，不能限制社区为居民服务的创造力。根据社区服务资源、志愿者特长、居民需求等实际情况，拓展菜单式服务项目，列举与群众密切相关的活动选项，为社区居民提供"你点我供"的菜单式活动方案。同时，加强居民自治队伍建设，抓好社区政策和活动的推广运用，整合信息资源，打通交流壁垒，为居民提供更加快捷、便利的大家庭式互助服务。

五是凝聚社区治理合力。社区是联系群众最紧密、服务群众最直接、组织群众最有效的组织，是开展市域社会治理现代化的基础单位。在社区工作中发现，很多妇女同志有亲和力，沟通能力强，责任心强，乐于助人，善于处理家庭矛盾、邻里纠纷。社区充分发挥妇女在家庭和社会中的独特作用，开展"学习雷锋，邻里守望，姐妹相助"活动。东厅社区动员各年龄段的姐妹40人，制定《胡同汇心社志管理手册》，在各方助力下，成立"胡同汇心社"。在"胡同汇心社"内，通过妇女议事协商会、巾帼志愿服务队、巾帼志愿者等形式，广泛开展互助互学互惠，社区党委引导妇女居民弘扬好家风、传承好家教、建设好家庭，推动雷锋精神和社会主义核心价值观在东厅社区落地生根。"胡同汇心社"的骨干成员纷纷表示，将以积极的态度，把促进社区繁荣作为共同的责任，以提升居民满意度为目标，为建设和谐社区贡献自己的一份力量。

第四节　南岗子社区坚持党建引领接诉即办，提升为民服务品质

南岗子社区位于体育馆路街道东北部，北至东壁街，东至幸福大街，南至文章胡同，西至笔杆胡同，共有195座平房院、2栋楼房，常住人口1238户、3316人，80%以上人口居住在老旧平房区，其中老年人以及高龄老人占常住人口比例很高，街巷老旧、生活环境软硬件条件不足，在日常管理与服务方面存在较多难题。

南岗子社区辖区内有2处文物保护单位（南岗子天主教堂、广慧寺），2所学校（北京市东城区培新小学和北京市第一零九中学），2个文创园（六零八文创园、咏园），1个农贸市场，1家医疗机构，酒店、餐馆、民宿、"六小门店"等单位13家。辖区内共有15个各类社会团体，党员作为中坚力量，在其中发挥着关键作用。辖区内组织机构与运行机制较为完善，具有一定可联动资源，但是核心骨干力量有所欠缺、大型场地与经费有所不足。

面对困难，南岗子社区党委坚持"以人民为中心"的发展思想，坚持把雷锋精神中的"做人民的勤务员"作为服务信念，带领党员及居民骨干力量发挥积极作用，迎难而上，不怕困难，主动转变，不断创新为民服务形式，在实践中逐步形成特有的"三心三步"工作法，成功将接诉即办转化为未诉先办，第一时间为民解忧，为民服务。

知心解难题，响应诉求尽早一步。南岗子社区坚持"见人见事见面、用心用情用力"的"三见三用"工作法，入户见面静心听取居民诉求、耐心安抚居民情绪、真心解决居民问题。针对疑难问题，多次下户询访，坚守"以人民为中心"的服务初心，换位思考、以同理心安抚诉求人，层层剖析深挖诉求人最真实的想法与需求，以

从根本上解决问题为出发点，为居民解决困难办实事，真正成为居民的知心人。事后及时总结，形成标准化模板，对辖区进行同类或相似问题的摸排寻访，借鉴引入成功经验，推广并应用于社区治理实践，早一步发现并解决问题，把问题解决在萌芽之中，从而降低热线案件量，形成"小事不出网格、大事不出社区"的良性循环。

2020年5月，有居民来到社区反映问题，情绪非常激动，说道："我家房子的顶棚快要掉下来了，与邻居家的隔断墙出现了裂缝，非常危险，我已经打12345热线电话了，但没有人联系我，希望社区能够帮助我们尽快修房。"了解了居民的诉求后，社区工作人员立即协调相关部门，当日多部门共同查勘并商定解决方案，确定了修缮时间，在社区层面为居民解决了实际困难。由此，结合辖区所处6号地情况且汛期马上来临，社区党委召集两委班子商讨后决议，面向辖区全面排查同类问题。通过走访发现5户民居有类似问题，社区及时上报街道城市管理办公室，利用"街巷吹哨，部门报到"工作机制，主动为居民进行了房屋修缮。居民非常满意，对社区也更加信任，"有事找社区"成为居民的一句"口头禅"。

用心寻方法，发现问题向前一步。根据入户走访制度，南岗子社区在日常工作中借鉴了一些管理方法帮助提升工作效能，例如分类台账管理、时间四象限法、双人工作制度、过程督办制度等。建立问题台账，由授权人进行密级管理。借鉴时间四象限法，按照事件难易及紧急程度，针对紧急且复杂的诉求，社区书记带队及时下户处理；针对非紧急但是相对复杂的问题，摸排清楚后再安排处理；针对紧急但诉求较简单的问题，授权网格长带队处理，整个过程都是双人工作制，并且进行事中过程管理及事后结果督办，求实效的同时把工作做得更有温度、更有品质。根据"日走访、周总结、月提炼"的模式将问题分为五大类，即民生类、卫生环境类、邻里矛盾类、安全生产类、政策咨询类。对于居民的急难问题召开研讨会、协商会等，寻求多方资源，达到共治共建、共商共议的良好局面。

依托"汇聚"平台、"京细话"小程序,及时如实记录,确保群众诉求事事有着落、件件有回音。

贴心做服务,以点带面多想一步。首先,确保三条"干群连心线"社区电话畅通,24小时有人第一时间响应居民诉求。其次,建立社区"微循环",努力推动问题不出社区,问题在源头化解。一是建立社区网格制度,在各网格设立网格长,以社区书记连线网格长,网格长连线网格员的机制进行管理,并将3个大网格分为18个小网格,将"微循环"细化到每个人身上。二是在居民代表的基础上建立院落联系人制度,将现有的80位居民代表扩充到221位院落联系人,将党员骨干、居民代表、小巷管家及志愿者等都纳入其中,达成"3+18+N+网络"的联系模式,保证居民能随时得到帮助,真正实现居民有所呼、社区必有应。

辖区内有一处单位产权房,由于原产权单位经历了破产、合并和收购,多年来未能履行房屋的维护、修理职责。房屋的安全问题成为居民的心病,尤其到了雨季,房屋存在漏雨、坍塌等危险。为了彻底解决危房难题,解决居民难心事,社区借助网络力量搜索单位现有信息,联系原产权单位逐一进行排查、沟通和调解,最终在社区的不懈努力下找到了房屋产权单位。在社区的反复沟通下,房屋产权单位承诺为部分居民房屋铺设油毡,以防雨季房屋漏水现象,还为一家居民的房屋进行了装修,居民们非常认可社区的工作。社区中此类情况不在少数,为了提升整体服务质量,社区全体工作人员在入户中注重关注类似情况,建立台账,以点带面,先后帮助多位居民联系房屋产权单位对房屋进行了修缮。与此同时,社区还申请党组织服务群众经费等,为基础设施较差的院落安装了太阳能灯、平整院内地面。社区通过发展居民雷锋志愿服务队等,形成共建共管良性模式,共同提升和改善家园环境。

社区是基层服务的"最后一米",是党密切联系群众的"神经末梢"。南岗子社区党委坚持党建引领,坚持以问题为导向、以人民

为中心的思想,结合工作实践,总结了符合社区情况的"三心三步工作法"。在新时代新征程下,秉承前人经验,贯彻党的领导,调整完善工作方法,坚持将接诉即办作为党建引领基层治理、服务群众的最生动实践,坚持"见人见面见事,用心用情用力",把难点变重点,把对象变队伍,坚持"来者不拒,照单全收,立即就办"的工作作风,做人民的勤务员,推动解决居民的操心事、烦心事、揪心事。

第五节　法华南里社区坚守初心暖民心

法华南里社区位于体育馆路街道中部,北至法华寺街,东至幸福大街,南至体育馆路,西至天坛路东侧,常住人口2821户、7625人。辖区内有红桥市场、天雅珠宝城、东城区第二妇幼保健院、北京市第五幼儿园分园、东城区崇文幼儿园、东城区体育馆路小学、东城区培智中心学校、体育馆路街道办事处等单位。

法华南里社区在体育馆路街道8个社区中面积最大、居民最多、单位最多,工作事务也最繁杂。社区居民在便民服务、环境卫生、停车等方面有很多需求。辖区单位也希望在社区的鼎力相助下为居民服务好。社区工作就是为民服务,了解社区居民的需求,接待居民、走入居民家、走访单位,多走、多巡、多看、多做就成为社区工作人员的日常。

法华南里社区始终坚持全心全意为人民服务的宗旨,弘扬新时代雷锋精神,全体工作人员用"真心""贴心""暖心"的服务,立足岗位学雷锋,让雷锋精神扎根在社区,更好地服务居民。

一是"真心"开门办公,接待居民无门槛。开门办公,一杯热茶,温暖居民的心。居民走到法华南里社区门口就看到敞开的大门,无形中让居民感受到社区的真心,就像走进自己的家门一样,把社工当家人，说出自己的困扰。有居民向社区的工作人员说出了自己的诉求，寻求帮助。该居民表示自己家的平房因外网下水井问题，每年都会堵塞返水，带来生活上的不便，希望社区能够帮助解决。社区工作人员在接到居民诉求后到现场实际了解情况，该平房下水管道途经一棵树，这棵树年久根深遮挡住下水管道。社区人员了解情况后立即联系体育馆路街道办事处和街道执法队一同到达现场排查。街道应急队立即对管道进行了疏通，以解燃眉之急。之后确定进一步的解决方案，改造管道以避开树木，彻底解决居民诉求，解决长年困扰居民生活的问题，解除了居民的后顾之忧。该居民表示，社区真的是做了大好事，这么多年心中的大石头终于卸下了，感谢社区为居民解决了困难。

二是"贴心"敲门入户，走近居民无距离。在处理好接诉即办热线案件的同时，社区还坚持将"被动响应"变为"主动出击"，实现未诉先办和问题不出社区；坚持主动走出去，敲门入户，到居民家中去。在入户过程中，社区工作人员发现一位老人经常在公共区域堆放杂物，既影响楼道卫生，又妨碍楼道通行安全。社区主动与老人沟通，老人表示自己不是因为生活困难才将物品捡回来，而是因为自己是从困难时代走过来的，认为有些被丢弃的物品还能继续使用，浪费了太可惜。虽然老人同意将杂物清理干净，但是没过多久又出现杂物堆放的情况。怎样才能让老人放弃这种行为，用其他事情替代转移他的注意力呢？通过找老人聊天，感受到老人对雷锋也是有很深厚感情的，虽然退休了，也希望自己还能继续为大家服务，继续发光发热。社区便邀请他加入社区雷锋志愿者，他非常爽快地答应了，之后就成为志愿服务骨干，为社区治理贡献力量。这就是社区工作中把难点变重点，把对象变队伍。

三是"暖心"上门服务，踏进单位无隔阂。驻区单位是法华南里社区不可或缺的组成部分。辖区内规模较大的单位多，社区为单位服务，单位服务于社区。每个季度，社区对辖区重点单位至少进

行一次走访，上门了解单位的问题需求，为单位建桥梁，为单位做后盾，让单位更好地为辖区居民服务。位于体育馆西路的工商银行经常以社区为平台发放反诈宣传单，为群众真情讲解，通过身边的真实案例警醒社区老年群体，特别是针对电信诈骗、网络赌博、洗钱等进行了详细讲解，让居民提高反诈意识。社区还经常上门到单位走访，在走访过程中发现，工商银行东侧便道出现污水外溢问题，污水外溢不仅影响通行，且散发异味。社区工作者马上联系了市政、排水部门并到现场进行查看。工商银行负责人表示污水井确实是银行的，幸好发现得及时。社区现场紧急调派人员进行维修，及时处理。工商银行负责人表示，社区工作人员真是及时发现及时应对，确保没有给他们造成更大的损失。

第六节　体育总局社区坚持红色领航，同心同行助力社区治理

体育总局社区位于体育馆路街道中部，北至体育馆路，东至幸福村，南至龙潭路、西至天坛东路，常住人口946户、2215人。辖区内有国家体育总局、国家体育总局训练局、中国体育报业总社等单位，居民中很多来自国家体育总局系统，体育氛围浓厚。

体育总局社区辖区内老旧小区占比大，小区硬件设施老旧，居民自治能力不足，居民需求多元化、差异化明显。近年来，体育总局社区坚持党建引领，大力弘扬雷锋精神，积极打造用心用情、突出实效、共治共享的和谐社区，社区治理能力得到了全方位提升。

以12345热线为抓手，践行为民初心，提升服务温度。社区成立12345热线接诉即办工作小组，完善接诉即办工作机制，进一步明确工作目标、规范工作流程、细化工作分工、优化服务格局，以居民需求为牵引不断优化为民服务，在全社区内营造人人积极主动、

人人用心办事的良好风气，同时用社区"三心三情"的方法，"一网连一线"的方式，"腿勤、眼勤、手勤"的行动力，形成解决居民急难愁盼问题的长效机制，切实提高居民的幸福感、获得感。

对社区的高频诉求户，所有工作人员始终保持"初心"，每一个诉求案件，都像"第一次"接待一样慎重对待。节日走访、日常巡视，送祝福、发安全提示，进行垃圾分类宣传。经常走访慰问、关心关爱，用初心暖民心，对短期内无法解决的问题，做好深入细致的耐心解释和思想疏通工作，争取理解和支持。对平房区幸福村口袋公园的环境卫生类诉求进行系统性管理，通过联系环境管理部门对公园进行定期清理，同时张贴爱护公共卫生的温馨提示，并将组织大扫除活动常态化，号召幸福村党员、积极分子、居民行动起来，树立"主人翁"意识，共同守护家园。通过采取系统性的举措，切实提升了家门口公园的环境卫生，社区受到了居民的一致好评。

以强化居民自治为重点，凝聚民意民心，加强主动治理。在社区党委组织领导下，以实现"社区有我参与，问题有我解决"为目标，党员、楼门（院）长、雷锋志愿者、业委会、物管会等多元力量参与社区共治，通过召开议事协商会议，对小区民生服务、美化环境、设施改造等议题进行民主协商，让居民能够共同商讨与自身利益相关的身边事，让社区问题在社区层面得到解决。

2021年至2022年，在街道办事处的统筹指导下，体育总局社区积极推进小区业主委员会成立工作，在前期制定选举办法、张贴公告、宣传走访，同时发动居住在小区的党员、雷锋志愿者积极参与业主委员会的成立工作，召开议事协商会议，广泛征求民意，努力达成共识。在多方力量共同努力下，辖区内东四块玉北街小区和体育馆路甲8号楼小区相继组织召开业主委员会筹备组会、业主大会、业主委员会会议。通过成立小区业主委员会，增强了业主的民主意识，推动实现居民自治。在社区党委领导下，业主委员会成员、小区党员、雷锋志愿者等力量在小区消防安全、志愿服务等方面发

挥了积极作用，为构建和谐文明社区打下坚实基础。

通过楼门（院）长、雷锋志愿者、居民协商议事会收集民情民意，解决居民需求，整合资源，多方联动，统筹协调街道主管科室、产权单位，合力解决居民忧心事。体育馆路6号院内树木茂密，社区与街道城市管理办公室、产权单位联合制定修建方案，统筹部署修剪工作，让居民的家中重见阳光，让小区环境更加宜居，让安全隐患消于未萌。社区积极申请党组织服务群众经费开展体育馆路甲乙8号楼楼道破损窗户的改造提升工作，冬天的冷风不再吹进楼，楼内居民的心里暖暖的。

以雷锋精神汇聚社区治理"合力"，共绘发展同心，提升居民幸福感。体育总局社区依托体育馆路街道"雷锋讲堂"平台，充分调动辖区居民学习热情，弘扬传承雷锋精神，将雷锋精神学习常态化，成为凝聚人心和助推社区发展的强大动力。

传承雷锋精神弘扬时代新风，志愿服务活动聚力攻坚。老党员先锋队、退役军人志愿服务队、巾帼志愿服务队、青年团志愿服务队、社区心悦合唱团、社区操舞队，以及北京和谐为民家庭服务有限公司、北京上佳养老服务有限公司、7天连锁酒店、悠惠万家超市、悍马自行车行、北京创嘉新纪元烟酒商行等共建单位，一支支队伍，一家家爱心企业，有着共同的特点：热爱社区、关心他人、乐于奉献。他们在社区党委的组织下积极投身到卫生扫除、文化活动、助残敬老等社区公益活动中。守望岗点、养老院里、邻里节中、街巷楼宇……到处都有他们参与志愿服务的身影，他们的行动不仅让社区更加和谐，他们自身也感受到了为人民服务的快乐和满足感。在学习雷锋氛围的感召影响下，社区居民也自觉遵守社会公德和法律法规，树立正确的价值观和道德观，社区家园环境更加和谐、和睦。

体育总局社区将继续秉承"全心全意为人民服务"的宗旨，永葆初心，坚持党建引领，多元共治、同心同行，进一步倡导"奉献、友爱、互助、进步"的雷锋精神,大力践行社会主义核心价值观,不断提升居民生活幸福感和满意度。

第七节 依托"五力引航",
四块玉社区打造"邻里共享家"

四块玉社区位于体育馆路街道西南部,北至龙潭路,东至长青路,南至长青园路,西至天坛东路,共有9个居住小区,常住人口1455户、4267人。四块玉社区属于老旧楼房居住区,居民以国有企业职工为主,社区老龄化人口比例较高,辖区内文化场地及运动休闲场所较丰富。社区内有北京彭胜医院、国家体育总局训练局和网球运动管理中心、中国棋院等单位。社区内注册社会组织23支,居民参与社区建设积极性较高。

为了探索社区治理现代化路径,自2020年开始,在东城区民政局"五力引航"东城区社区治理能力提升计划(以下简称"五力引航"计划)的助推下,体育馆路街道选择四块玉社区天坛东路64号楼作为试点,围绕老旧小区治理难题开展了一系列小微治理实践,通过"五力引航"计划,打造"共商、共建、共治、共享"的新格局,实现"居住共同体"向"利益共同体"和"行动共同体"的过渡,最终形成"社区发展共同体"。

在落实试点打造项目过程中,社区坚持把党建引领贯穿于社区治理全过程,以"党建带社建、社建促党建"为目标,探索社区治理模式经验。社区党委依托党建工作协调委员会,推动在地企业党组织和商会参与社区建设。深化"双报到"机制,积极发挥党员带头作用,组建楼门(院)党支部,建立以楼长、门长和在职党员为主的居民自治力量,以物业管理和垃圾分类两个关键小事为切入点,深化群众教育引导,汇聚更多社区治理合力。利用好党组织服务群

众经费、社区公益金，把经费向民意最集中、居民最关切的项目倾斜，激发多元主体尤其是居民参与社区建设的积极性。

社区治理需求多样，共享平台应运而生。社区通过不定期在社区内召开不同楼门（院）的"流动议事厅"，收集居民的共性需求或个性需求。经整理分析后，发现社区的主要需求集中在为老服务、老旧设施更新、老旧楼房加装电梯以及社区社会组织发展基金、社区慈善基金等方面。四块玉社区结合居民的不同需求，不断摸索，以"邻里共享家"为项目平台，提升居民参与力、行动力、协商力和培育力。

四块玉社区利用64号楼院内闲置的锅炉房空地，为辖区居民打造了一个"邻里共享家"社区公共空间。在空间装饰打造的过程中，社区与第三方通过多次召开社区议事会，充分听取居民的想法和建议，在了解居民的实际需求与期许后，依托"邻里共享家"这一实体空间推出了"新时代创享生活俱乐部"计划，该计划包括"享——服务资源""享——传统技艺""享——健康生活""享——美好记忆"四方面，通过链接各类服务资源，开展传统手工艺体验活动、健康义诊和咨询服务等，多角度、多方面地为四块玉辖区居民，尤其是为辖区的老年人和青少年提供更完善、更贴心的便民和文化体验服务。在"邻里共享家"建设中，正是多方力量的参与，激发了老旧小区自我发展新动能，才能将闲置多年的废弃锅炉房变成宽敞明亮的活动场所，成为社区承接公共服务、组织公益服务、开展议事协商的重要空间载体。

社区贯彻共商共建，治理工作事半功倍。四块玉社区90%以上属于老旧楼房，60岁以上的老人有2300多人，辖区的困难老人，特别是腿脚不便的独居老人，占很大一部分。通过在"邻里共享家"试运营过程中开展各类活动以及入户走访调查发现，老人对各类基础性生活服务需求特别大，辖区家庭对寒暑期看护孩子方面有很强烈的需求。为此"邻里共享家"从文化活动向志愿服务和为老服务转型。

社区通过了解居民需求，挖掘社区"能人"，将会理发、维修、缝纫这些分散的为辖区居民提供志愿服务的"能人"集中起来，为常年出行不便的老人和残疾人开展理发、义诊、陪护聊天等活动，活动非常受辖区老人欢迎。为了能够让队伍建立起来，社区书记从思想上发动党员积极参与，开展以"弘扬雷锋精神"为主题的党课学习活动，激发辖区党员的参与热情，发动辖区党员积极参与社区帮扶工作。其中有理发特长的党员叶建平同志，主动发挥党员带头作用、发扬雷锋精神，承担起四块玉新"能"源志愿服务队筹建工作，同时带领四块玉第六党支部党员"缝纫达人"王琪瑷同志以及辖区其他有特长的党员，让志愿服务从点滴小事开始，为居民提供义务理发、义务磨刀、修理小家电、缝补衣物等服务。

为了让这些"能人"有计划地开展志愿服务活动，让"能人"队伍建设更加规范，四块玉社区在街道的支持下对接第三方专业公司，对队伍的领头人进行培育。通过一年多的队伍建设，以及申报公益创投项目，这支队伍已经逐步发展成熟，为辖区老人、残疾人等群体提供各个方面的服务。2021年，这支由社区"能人"和辖区单位"能人"组建的志愿服务队，发挥雷锋精神，通过精湛的手艺无私帮扶街坊邻里，在实践服务活动中为辖区提供服务1231人次，其中提供残疾人服务224人次，孤寡老人服务892人次，开展入户维修115人次。通过四块玉新"能"源志愿服务队的组建、成立到规范化运营，党员和辖区居民广泛参与到志愿服务的队伍当中，调动了居民参与社区治理的热情。社区还指导成立了57号楼自管会和"共享家自治自管理小组"，这些组织用常态化的志愿服务推动新时代文明实践在社区结出硕果，获得居民的一致好评。

社区是城市居民生活的基本单元，居民是社区的主体。社区将分散的"能人"聚拢在一起，依靠党员和群众联动进行社区治理创新，激发"能人"效应，壮大自治力量，让更多的"能人"参与到社区建设中来，有助于激发居民的"主人翁"意识，让社区

居民真正从旁观者变成参与者,增强社区居民对社区的认同感和归属感。

为了更好地汇聚社区中青年家长骨干志愿者的力量,四块玉社区申请公益创投项目——四块玉"邻里互助,陪伴成长"共享计划,依托"邻里共享家"平台,建立青少年互助中心"共享家长"志愿服务队,解决辖区家长的子女看护难题。辖区单位党员张昊主动加入并通过设计多种类型的活动招募家长志愿者,激励更多家长参与志愿服务,切实解决"看护难"问题,其中"寒暑期兴趣班"切实为辖区双职工家庭带来了便利,也让更多的中青年了解社区服务,并且参与进来。通过一年多的组织,四块玉社区成立了"共享家长"志愿服务队,队伍成员达18人,平均年龄45岁,在2021年一共开展了112次活动,服务辖区青少年1550余人次,服务困难家庭78人次,被媒体报道8次。同时,辖区单位捐赠吉他30把以及早教器材若干,邀请到3个辖区单位参与本项目。东城区其他街道的社区前来学习和了解本项目的实施情况,希望可以学习相关经验,"共享家长"项目还得到了东城区团委的认可。

四块玉"邻里共享家"在专业社会组织的培育下,组建了"共享家自治自管小组",负责空间的整体管理,并倡导居民"以服务时长换使用时长"的运营模式。

社区资源整合,多样化治理未来可期。以"邻里共享家"实体为依托,社区逐步培育出多个自治小组,为居民生活中带来了更多的便利;依托"邻里共享家"实体平台,最大限度地整合社会资源,建设区域化、便民化、多样化的服务阵地,解决有组织无阵地、有活动无场地的问题。原来靠社区单打独斗、忙于协调处理各种利益问题的局面逐渐成为过去,更多的辖区单位、党员和居民主动参与社区治理,从"被动"多到"主动"多,从"看法"多到"办法"多,社区治理水平迈上了新台阶。

第八节　长青园社区积极打造未诉先办"长青样板"

长青园社区位于体育馆路街道东南部，北至龙潭路，东至长青园路，南至长青园路，西至长青路，辖区主要为开放式老旧小区，共有31栋居民楼，常住人口1738户、4853人。辖区内有风景秀丽的龙潭西湖公园，众多体育工作者生活和工作在辖区，由于小区建成年代较早，普遍存在基础设施老化、物业服务水平不高、停车难等问题，距离居民的期盼还有一定的差距。

长青园社区党委以党建引领为龙头，以雷锋精神为抓手，创新服务载体、拓展服务领域、强化服务功能，立足服务社区居民，在充分掌握社区居民需求的基础上，开创"六民"工作法，以"畅民意、汇民情、纾民困、便民生、赢民心、聚民力"为指引，更好地服务居民，增强居民凝聚力，提高居民幸福感。

12345热线是一个"知民情、解民忧、顺民意"的服务平台。社区需要在第一时间把老百姓的烦心事、操心事、揪心事处理好，让居民从内心深处体会到惠民、利民、便民的服务。长青园社区党委始终坚持"三个结合"，即把贯彻落实体育馆路街道党工委出台的《实施意见》与提高社区党建工作水平相结合、与提升社区治理能力相结合、与落实"七有""五性"需求相结合，真正践行新时代的雷锋精神。社区从接诉即办转变为未诉先办，主动问政于民、问需于民，逐步实现问题不出物业、问题不出小区、问题不出社区，推进"未诉先办零诉求社区"建设，推动社区治理的常态、长效，筑牢安居乐业的"长青样板"。

一、统一思想、凝聚共识，打造过硬团队

担当是社区干部不忘初心、牢记使命的最根本、最现实的要求。长青园社区党委带领每一位成员坚定信仰信念、保持初心初衷。因为有了对理想信念的坚定追求，就有了正视自我、净化自我的坚定意志，就有了在惊涛骇浪中奋勇前进的"定海神针"。社区坚持"四力"工作原则，即提升学习力、团结力、执行力和创新力，一同深入研究接诉即办的考核制度、工作方法，带着问题去学习、讨论、交流，归纳总结社区共性问题和个性诉求，了解社区存在的诉求类重点、难点问题，加强关注、推动解决，向未诉先办延伸，努力降低社区接诉即办的案件数量。长青园社区党委始终坚持从小事做起，把12345热线作为"以人民为中心"的具体抓手，努力争当一颗永不生锈的螺丝钉，全心全意为人民服务。

二、守初心暖民心，矢志为民，勤勉奉献

社区工作中，接诉即办中的"接"代表了责无旁贷的态度和职责，"诉"代表了居民们的期许与需求，"即"代表了刻不容缓的作风和追求，"办"代表了脚踏实地的作为与担当。习近平总书记说过，"江山就是人民、人民就是江山，打江山、守江山，守的是人民的心。"而社区工作亦是如此，居民便是社区工作的"江山"。2023年2月，长青园社区某居民拨打了12345热线，反映楼道内卫生差，有很多闲置物品堆放。接到案件，社区第一时间与该居民进行了沟通，耐心倾听了她的诉求，让其立即感受到社区的关注和关心，随后该居民与社区工作者相互添加了微信，方便后期更好地联络沟通。之后社区联系了首华物业管理有限公司，立即展开了对楼道内堆物堆料现场的核查工作。物业公司与各家各户联系，并做好沟通工作，

及时清理楼道内的闲置物品。与此同时，社区将处置情况实时同步反馈给该居民，使其能够及时了解到自己反映的问题有人重视、有人管、有人办。该居民下班很晚，回家后才可以看到问题的解决情况，但社区工作者表示无论多晚都等待反馈。当晚 22:42，社区收到该居民的信息，表示对问题处理的结果非常满意，看到了社区的用心和贴心，高度赞扬了社区工作的时效。友善手，传递暖和热；敬业肩，担起职和责。这是一份信任，社区无论如何都要保证居民提出的诉求有人听、有人管，切实做到"民有所呼、我有所应"。

三、措施到位、工作扎实，服务居民 24 小时"不打烊"

长青园社区党委向未诉先办延伸，把很多事情的解决方向放在"先"字上。把"一切为了居民，为了居民的一切"作为工作的出发点和落脚点。

2023 年 1 月 30 日清晨 5:22，社区夜班值班人员接到一居民来电，反映其所住单元高楼层某户家中从大门向外漏水，且家中无人，已流满整个楼道，居民没有联系上物业，所以求助社区。了解情况后，值班工作人员第一时间联系到漏水房主，告知其家中漏水情况，让其尽快回家查看，业主告知需要 1 小时后才能到家。同时，工作人员联系物业派工人先关上该单元自来水阀门，避免造成楼下邻居家中损失和可能出现的其他危险。在得知物业不能马上关闭单元阀门情况后，值班同志又立即拨打了北京市自来水集团服务电话报修，寻求帮助。之后将协调沟通的情况告知来电的居民，以及后续处理的方式，并安抚居民情绪。与此同时，社区夜班值班人员直接赶到现场处理漏水情况，发现水已从六层顺着楼梯流到了一层。值班人员一直等到自来水集团维修师傅到达现场，将单元门水闸临时关闭。6:40 前后，业主赶回小区，值班人员又与物业人员一起入户查看漏水情况，确认是厨房暖气管道爆裂导致的漏水后，及时协调打开单

元自来水阀门保证居民早上生活用水；同时督促物业将楼道积水清扫擦干，以防结冰造成居民出行出现危险，消除结冰隐患。为提前化解因漏水可能会产生的邻里矛盾，值班人员又叮嘱漏水业主主动询问楼下业主是否因漏水造成损失。

四、党建引领聚合力，共建共享同发展

"一花独放不是春，百花齐放春满园。"长青园社区党委把居民作为社区家园的主人，不将他们视为问题的"投诉者"，而视为问题解决的"推动者"。虽然案件办结，但是社区与曾经拨打过热线的居民建立起的服务联络网才刚刚开始。后期，社区将部分诉求人成功转变成了社区雷锋志愿者，从而拓展了辖区志愿力量，与其一同构建"长青百花园"。

多元参与，打造社区治理共同体。社区治理关键在人，仅仅靠社区工作人员难以达到预想目标，调动社区各方力量广泛参与，凝聚力量，才能真正实现共建、共治、共享。长青园社区党委始终坚持从"六联合"出发，即学习联合、环境卫生联合、社区群防群治联合、文化活动联合、暖心服务慰问联合。充分整合利用共建单位的优势，打造共建服务平台，提升联创成效。

为民服务只有进行时、没有完成时。长青园社区党委在追求"未诉先办零诉求社区"建设的路上，始终坚持"见人见事见面、用心用情用力"的工作方法，做到处理问题有温度、解决事情有速度、多方合作协助办理有力度。急群众之所急，念群众之所需，解群众之所难。守住初心，坚持不懈，始终如一。社区中每一位工作者都向雷锋同志学习，踏踏实实、尽职尽责地工作，像螺丝钉那样，钉在哪里，就在哪里发光。不以善小而不为，滴水穿石、积水成渊，在为民办好小事之中彰显党性本色、释放先锋魅力。

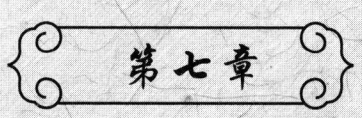

第七章

学习雷锋精神，志愿服务蔚然成风

> 人的生命是有限的，可是，为人民服务是无限的，我要把有限的生命，投入无限的为人民服务之中去。
>
> ——雷锋

让雷锋精神在全社会蔚然成风，是时代的呼唤、现实的需求、百姓的期盼。习近平总书记对深入开展学雷锋活动作出的重要指示强调，新征程上，要深刻把握雷锋精神的时代内涵，更好发挥党员、干部模范带头作用，加强志愿服务保障和支持，不断发展壮大学雷锋志愿服务队伍，让学雷锋在人民群众特别是青少年中蔚然成风，让学雷锋活动融入日常、化作经常，让雷锋精神在新时代绽放更加璀璨的光芒，为全面建设社会主义现代化国家、全面推进中华民族伟大复兴凝聚强大力量。

近年来，体育馆路街道持续将学雷锋活动融入机关干部、社区工作者的本职工作中。在雷锋精神的引领下，街道涌现出一大批发扬雷锋精神、全心全意为人民服务的优秀干部和辖区居民，逐步形成了精神指引、大众参与、人人"学雷锋做好事"的新局面。

第一节 点亮"微心愿"，传递爱与温暖

"微心愿"的表达是推动学雷锋活动持续开展的不竭动力和源

泉。近年来，为解决好人民群众的急难愁盼问题，东城区依托新时代文明实践中心、所、站三级组织体系，在全区广泛开展"我为群众办实事 点亮百姓微心愿"文明实践活动，面向东城区居民，尤其是辖区困难群众、孤寡老人等弱势群体广泛征集"微心愿"，努力为人民群众办好事、办实事、解难事。点亮百姓"微心愿"，既是东城区为民、利民、惠民的真实写照，也是全区精神文明建设"以人民为中心"的生动实践。

体育馆路街道深入弘扬雷锋精神，持续开展"我为群众办实事 点亮百姓微心愿"文明实践活动，坚持听民声、聚民意、解民忧、暖民心，体察群众情绪，感受群众疾苦，把事办深、办细、办实，全力做好为民工作，热心服务辖区居民。在体育馆路街道党工委、办事处的带领下，一大批发扬雷锋精神、全心全意践行为人民服务的热心企业、地区党组织、党员公开认领"微心愿"，帮助居民解决烦心事。体育馆路街道辖区10个基层党委、3个党总支、82个党支部共认领并帮助实现"微心愿"400余个，解决了没有路灯、更换院门、陪聊解压等十余类问题。

一、走访调研，了解居民的急难愁盼

体育馆路街道在日常活动开展过程中加强情况摸底，通过走访调研、入户问需、流动议事厅等形式，主动问需于民、问计于民，将目光聚焦到居民急难愁盼的问题上。街道各部门、各社区将新时代文明实践与百姓"微心愿"相结合，开办寒暑期社区成长营，解决假期孩子看护难题；常态开设家门口志愿服务大集，一站式解决居民需求；开展丰富多彩的文化文艺活动，丰富居民精神文化生活；为行动不便居民代跑腿，代买药品、食物等。时刻把居民的冷暖挂在心上，想居民之所想，急居民之所急，把居民的事当成自己的事去解决，用心用情用力解决好居民最关心、最直接、最现实的问题，

把实事办到居民的心坎上,获得居民的认可和支持,逐步形成共融共建、共治共享的新格局,不断提高了地区居民的获得感、幸福感、安全感。

居住在体育馆路街道南岗子社区的郝阿姨,已经年过八旬,长期独居在家,行动不便。2022年1月,带着对新年的盼望,老人希望有人帮助打扫一下家里,在干净舒适中迎接新年。街道社会工作服务中心将郝阿姨的心愿发布后,短短10分钟,就被爱心人士李先生认领,并安排专业保洁服务人员上门,圆其清洁梦。李先生表示,"一份小小心意,承担一份社会责任,希望能够帮助老人解决生活的实际困难,让他们感受到社会的温暖。"看到整洁干净的家,老人激动地表示:"感谢你们经常关心我,我感到非常的满足、幸福!"

二、对接资源,将实事办到群众心坎上

"现在到了晚上,路上灯火通明了,实事真是办到了我们心坎上。""我和孩子在家门口就能体验志愿服务大集,住在这个小区我很幸福。""谢谢你们想着我这老太太,理了头发不扎耳朵了,我的心愿实现了。"体育馆路街道持续开展"我为群众办实事 点亮百姓微心愿"活动,构建以党组织为核心,多元主体共同参与的社会治理格局,通过搭建"微心愿"平台,线上线下多渠道征集居民诉求,把温暖送到群众身边、送进百姓心坎。

体育馆路街道天坛雷锋车队、巾帼志愿服务队、美团雷锋跑腿志愿服务队等志愿服务品牌,已发展成为体育馆路地区志愿服务的一面面旗帜,地区雷锋志愿者的身影遍布辖区大街小巷,获得了居民的广泛好评。地区企事业单位、共建单位在街道的引领下纷纷弘扬雷锋精神,参加到为民服务的行列中来。街道商会成立"我为群众办实事——暖心会",结对帮扶地区老人,各企业通过走访慰问结对老人、聊家常等方式,实地了解老人情况,倾听结对老人心声,

深入开展个性化服务。在各方雷锋志愿者的支持下，体育馆路地区"微心愿"全部办结，群众满意率100%。

第二节　雷锋志愿者和雷锋志愿服务队

体育馆路街道完善常态化学雷锋工作机制、建立组织体系、明确工作职能，广泛招募地区居民化身雷锋志愿者，积极参与地区理论宣讲、体育文化、志愿服务、科普宣传等各类新时代文明实践活动，发挥雷锋志愿者主力军作用，积极完善志愿者服务队伍，推动新时代文明实践志愿服务工作科学化、制度化、规范化、常态化。街道累计注册登记雷锋志愿者14000余人，服务地区群众32000人次，成立了"1微克"环保志愿服务队、"金色夕阳"老党员先锋队、巾帼志愿服务队、美团雷锋志愿服务队、"小哥"消防巡查队等91支雷锋志愿服务队，在环境保护、文艺活动、社区建设、消防安全等方面发挥积极作用。

结合街道重点工作，徐东升、顾学静、许清琴、李静仁等广大居民雷锋志愿者积极参与垃圾分类、低碳环保、养老惠民等各项志愿服务活动。在身边雷锋的带动下，基层一线新时代学雷锋实践活动十分活跃，驻街单位职工、非公企业党员和青年团员、垃圾分类盯桶志愿者、巾帼志愿者和广大居民雷锋志愿者积极参与社区治理，不断凝聚起整个街道"向上""向善""向前""向好"的力量。

体育馆路街道"1微克"环保志愿服务队成立于2020年，寓意志愿者自觉参与大气精细化管理，通过志愿服务推动地区空气质量改善，做环保的先行者。体育馆路街道"1微克"环保志愿服务队成立以来，志愿者持续学雷锋做雷锋，常态化开展大气污染巡查治理、周末大扫除、文明交通、河湖治理等志愿服务活动。2020年，

"1微克"环保志愿服务队获得首都"优秀环保公益组织"称号；2021年，"1微克"环保志愿服务项目荣获东城区第一届志愿服务项目大赛铜奖；2022年，"1微克"环保志愿服务项目被评为2022年北京共青团"团建百强"品牌项目。

体育馆路街道团工委联合党建服务中心，面向辖区"两新"组织党员和青年团员、广大居民以及新业态新就业群体等广泛招募雷锋跑腿志愿者，成立"体育馆路街道雷锋跑腿志愿服务队"（以下简称雷锋跑腿志愿服务队）。雷锋跑腿志愿服务队招募令发布后，地区各界纷纷响应，先后共有52名志愿者响应号召加入，其中包含辖区非公企业党组织党员和团员，美团雷锋志愿服务队队员、新媒体就业人员、社区党员、居民志愿者等。雷锋跑腿志愿服务队采取"线上接单、线下跑腿"的形式，按照"接到居民需求—微信群内下单—志愿者接单—志愿者行动—工作人员转交物资—完成服务"的工作流程开展工作。

为进一步凝聚新业态新就业群体力量，充分发挥街道"守卫蜂"参与地区治理的重要作用，体育馆路街道联合京东物流公司成立街道"小哥"消防巡查队，利用"小哥"工作"走街串巷""敲门入户"的特点，对商户、居民进行消防安全提示，并及时排查老旧小区、平房区火灾隐患，防患未然。为充分调动广大居民积极参与防火志愿服务，及时控制和消除重大消防隐患，弘扬雷锋精神，鼓励见义勇为，体育馆路街道制定出台了《体育馆路街道防火工作奖励办法》。为进一步调动"小哥"消防巡查队参与消防安全隐患排查积极性，街道定期统计"小哥"参与地区消防安全治理的次数，对积极参与巡查和报告的"小哥"进行表彰，鼓励更多"两新"组织的力量参与到基层治理中。

体育馆路街道持续加强学雷锋志愿服务体系建设，提升干部群众"自我、自愿、自发"参与学雷锋志愿服务的意识，推动地区各级党员干部群众参与社区建设，以点带面，创新雷锋志愿服务项目和活动形式，实现服务资源与居民需求的精准对接，有效解决群众烦心事、操心事、揪心事，有效激发社区治理内生动力。

第三节　雷锋志愿服务站和雷锋志愿服务岗

学雷锋志愿服务的生命力在于精准对接群众需求。雷锋走到哪里，好事就做到哪里。同样，群众在哪里，服务就应该送到哪里。体育馆路街道依托街道、社区两级党群服务中心、"1+8+N"新时代文明实践所（站）、商会暖心驿站、"小哥加油站"等阵地，搭建有人员、有项目、有管理、辐射全地区的雷锋志愿服务站，持续优化学雷锋志愿服务岗，将雷锋精神践行到为群众办实事、解难题的具体实践中来，最大限度贴近群众和企业需求，持续提供多元化、立体化的服务，稳步提升学雷锋志愿服务品质，推动地区学雷锋志愿服务常态化、生活化再上新台阶。

一、打造"红砖阵地"雷锋志愿服务站

位于德必天坛WE"园区的"红砖阵地"党群服务中心既是体育馆路街道党工委党建示范点、街道新时代文明实践所、街道"小哥加油站"，同时也是雷锋志愿服务站。德必天坛WE"园区地处体育馆路街道的中心位置，园区内现进驻企业60余家，辐射周边5个社区，覆盖红桥商圈、众多驻街单位，"红砖阵地"雷锋志愿服务站可以为周边居民和企业职工提供便利。站内制作并公示志愿服务站管理制度、值班值守制度以及志愿服务项目；长期配备医疗箱、雨具、急救包、酒精等物资，可实现歇脚休息、纳凉取暖、饮水热饭、手机充电、无线上网、图书阅读等基本功能，实现"渴了有水喝，累了有处歇"；定期开展"党群阵地@你"系列活动、志愿服务大

集、文化汇演，居民和职工可以就近就便参与地区志愿服务、获得志愿服务，提升居民、职工的幸福感和获得感。

"红砖阵地"雷锋志愿服务站发挥服务轴心作用，动员党员、职工积极践行雷锋精神。园区党员常常放弃休息时间，主动参与到社区周末大扫除、垃圾分类、物业管理等社区治理的"关键小事"中。"红砖阵地"雷锋志愿服务站持续开展"四季暖风（蜂）"行动，擦亮"守卫蜂"服务品牌，充分发挥快递"小哥"地熟、人熟、情况熟的独特优势，引导新业态新就业群体在社会治理中发挥作用，为改善地区环境、守护地区平安持续贡献力量。

二、设立青年雷锋志愿服务岗

每逢重大节日或重要活动，体育馆路街道地区雷锋志愿者都会纷纷走上地区"守望岗"，参与平安值守，为地区建设贡献力量。近年来，为优化"守望岗"队伍年龄结构，让青年群体更好地融入社区、发挥弘扬雷锋精神助力社区治理的作用，体育馆路街道发动地区青年志愿者力量参与治安值守工作。红桥市场是闻名国内外的国际旅游市场，与天坛公园一街之隔，因红桥市场的珍珠在国际上具有较高的知名度，多次接待各国政要和使节，每年吸引大量国内外游客来此参观购物。为更好地展示地区形象，保障安全稳定，街道在红桥市场前设置青年雷锋志愿服务岗，充分发挥区域化团建平台优势，多渠道凝聚青年力量参与值守，将来自物业公司、驻街单位、社会机构、公益组织、高等院校、专业执法和安保队伍的多元化、年轻化、专业化的力量整合到队伍中来，充实了立体化社会治安防控体系建设。除了安全值守的职责，青年雷锋志愿者还提供义务指路、秩序维护、便民咨询等志愿服务，为重大节日、重要活动安保工作增添了一道亮丽的风景线。青年雷锋志愿服务岗为青年雷锋志愿者搭建了一个奉献爱心、实现价值的平台，青年雷锋志愿者也在用自己的行动擦亮学雷锋志愿服务的品牌，以实际行动践行初心与使命。

三、培育体育馆路街道天坛雷锋车队

天坛雷锋车队是体育馆路街道重点培育打造的学雷锋品牌项目，车队十年如一日坚持学雷锋、做好事，爱心助考、帮扶老人等爱心义举获得社会一致好评，是第二批全国学雷锋活动示范点，先后荣获"首都学雷锋志愿服务示范岗""全国工人先锋号""首都学雷锋志愿服务示范岗金牌项目""北京榜样"等荣誉。"检查车上饮用水、乌龙茶、应急包是不是都准备好了，咱们今天去广渠门中学的高考考点，出发！"2023年6月，在队长马燕利的带领下，体育馆路街道天坛雷锋车队再次集结，爱心送考助力高考考生。"为了保障高考顺利进行，我们车队提前筹备，司机师傅们主动到广渠门中学附近查看路线，并在车上准备防暑降温物资，为考生提供一个舒适安全的乘车环境。车队出动12辆出租车护航高考，分成四组轮流守候在广渠门中学门口等待考生，高考日的上午11时和下午4时两个时间点，我们确保4辆出租车守候在考点，其他车辆在附近待命，根据考生的需求开展接送服务。"队长马燕利介绍。"心中有爱，目中有人，口中有德，行中有善"这十六字箴言是天坛雷锋车队考查队员的标准。在十余年的光阴中，体育馆路街道天坛雷锋车队奔跑在城市车流中，用始终如一的热心行动，向他人传递爱与善意，身体力行地诠释雷锋精神的丰富内涵。

第四节　雷锋社工

"东城社工"是东城区基层治理的中坚力量，是以基层社区工作

者为代表的广大社工队伍群体。"东城社工"是东城区在推进精治共治法治过程中形成的新时代社会治理品牌。近年来,体育馆路街道党工委不断加强社区工作者队伍建设,内强素质、外树形象,用雷锋精神激励社区工作者,打造了一支高素质、职业化、专业化的新时代"雷锋社工"队伍,为丰富"东城社工"品牌内涵提供"体街"经验。

在雷锋精神的滋养下,"雷锋社工"队伍的创造力、凝聚力、战斗力大大提升,社区工作者工作作风和服务效能明显改进,为民服务水平和质量明显提升。在接诉即办的第一线,"雷锋社工"化"被动响应"为"主动问需",坚持"见人见事见面、用心用情用力"的"三见三用"工作法,换位思考,用情服务,主动向前,未诉先办,推动解决了一大批问题,获得了地区居民的广泛认可。

2022年至2023年,体育馆路街道、社区先后收到了100余面锦旗和20余封感谢信,涵盖了城市精细化治理、民生保障等领域,街道、社区干部以"开门办公、来者不拒、照单全收、立即就办"的工作作风,为居民排忧解难,尤其是一线社区工作者,以真心换真情,24小时为居民服务,赢得了居民的信任,也收获了宝贵的情谊。

一、敬业,让平凡更加耀眼

体育馆路街道西唐社区党委书记杜进平,连续多年被评为街道"先进社区工作者",2018年荣获东城区"优秀党务工作者"称号,2020年被评为东城区"社区防疫标兵"。在她的带领下,西唐社区工作得到了居民的广泛支持。在工作中,杜进平牢固树立大局观念,团结班子成员,合理分工协作,在增强团队创造力、战斗力和凝聚力上下功夫。杜进平坦言,"成绩是大家的,团队齐心协力才能不断续写实绩。""利于团结的话多说,不利于团结的话不说;利于团结的事多做,不利于团结的事不做;做人要大度,不斤斤计较;临时工作抢着干,同事的事帮着干,本职工作认真干。"杜进平说。只有发挥班子每个成员的作用,才能更好地带动社区全体干部,形成发展合力。

社区工作千头万绪,仅依靠社区干部力量也是远远不够的。杜进平推动社会工作者与志愿服务队伍开展联动实践,不断扩大社区志愿服务覆盖面。她推动西唐社区5支文化团队转化为公益性志愿团队,动员居民加入社区志愿服务行列,形成"社区搭台、居民参与"的活动形式,建立了"党员先锋岗""邻里守望团"等队伍,持续加大对空巢老人的关爱力度。

每当遇到问题,杜进平总是主动向前一步,对接居民诉求,西唐社区的街巷里总能看到她的身影。杜进平认为,为群众办实事要有真心实意为民的初心,在解决问题上不能走过场,从群众最关心的问题、最迫切的问题、最需要解决的实际问题入手,诚心诚意为群众办实事,零距离服务群众。在杜进平的带领下,西唐社区先后为居民解决了多起突发问题,例如,为空巢老人维修短路电线;联系市政人员为积水小院居民更换雨水箅子、重新铺路,方便居民生活;帮助低保老人看病就医等,获得了广大居民的好评。

二、专业,让治理更加精细

近年来,体育馆路街道涌现出了一批能够熟练运用专业方法开展社区工作的社区社会工作人才,有15名中级社会工作师、25名初级社会工作师在各自的岗位上利用专业社会工作方法,助力精细化管理赋能城市品质提升。

建筑设计落后、房屋使用年久、设备设施老化、物业管理缺失……这些都是大部分老旧社区普遍存在的"通病"。四块玉社区在党委书记张婧的带领下,逐步探索出了社区治理的新路径。

"我大学时学的便是社会工作专业,现在拥有中级社会工作师职称,也正在努力向高级社会工作师发起挑战。"张婧说,"在为群众服务的岗位,一定要用好自己的专业优势,想尽一切办法,从群众的需求出发去想问题。"在探索如何提炼社区社会工作方法上,张婧总结出"1+1+N"工作法,即一名社工带一支队伍、带N个居民及志愿者。这种工作方法有利于培育社工、居民"领袖",动员居民全员参与社区建设。同时,充分发挥党建联席会作用,积极与辖区单位沟通,共同搭建为居民服务的平台。为逐一击破老旧小区存在的难题,张婧将专业知识与解决现实问题相结合,通过"傍晚六点半"流动议事厅机制、培育社会组织转化为雷锋志愿者服务队等方式,为社区治理提供了重要力量和坚实的保障。

天坛东里64号楼更换了上下水管道、天坛东里50号楼加装了电梯、东四块玉南街37号楼解决了停车乱象……近年来,四块玉社区"傍晚六点半"流动议事厅为居民解决了不少烦心事。"傍晚六点半开始,白天上班的居民陆续回到家,这个时间召开议事会,参与的人员更多、年龄结构更广,社区的中青年甚至青少年都可以参与,收集到的问题、建议也会更加全面。"张婧说。议事厅也充分体现了流动属性,可以在楼门(院)前开、在小广场上开,也可以在社区的"邻里共享家"开放空间内开,位置机动灵活、就近就便,最大限度方便居民。

为继续优化社区雷锋志愿者的年龄结构,张婧召集社工研讨,从"人的需要"出发,探索中青年男性参与社区活动的途径,聚焦目标群体喜欢运动等特点,招募成立了足球队,并为足球队赋能,提升成为以青壮年男性为主的雷锋志愿服务队,如今该队伍已达100余人。四块玉社区尝试建立基层治理"精耕试验田",以楼门层面"重德治"、楼院层面"强自治"、片区层面"促共治"作为整体思路,为构建整个社区层面的共同发展奠定实践基础。

三、责任，让生活更加幸福

民生工作事关群众福祉，事关人心向背，是最能够直接提升群众幸福感、获得感和安全感的民心工程。在体育馆路街道南岗子社区党委书记巨小洧的带动下，南岗子社区的社区工作者将群众冷暖挂在心间，把改善民生放在首位，倾力倾情办好民生实事。

家住南岗子17号院的老人家中突然停水，焦急时刻老人第一时间联系了南岗子社区寻求帮助，巨小洧耐心安抚老人的焦急情绪，及时联系维修师傅加急维修并进行了加固处理。辖区某居民患有尿毒症，无固定收入，生活困难，巨小洧主动沟通联络，通过相关惠民政策，帮助该居民申请办理低保，解决了居民燃眉之急。居民徐阿姨反映家中经常飘进做饭的油烟味儿，影响了正常生活。巨小洧多次与街道城管部门深入走访周边餐馆，进行现场调解，问题得到了解决……一次次的付出，换来的是居民们脸上的笑容以及一面面锦旗、一封封感谢信和表扬信。

杜进平、张婧、李广华、巨小洧等人的事迹，是体育馆路街道"雷锋社工"辛勤付出的缩影。近年来，专业社会工作者在社会治理中扮演着越来越重要的角色。体育馆路街道"雷锋社工"手握"大爱情怀""专业方法""多面技能""资源链接"四大工作法宝，在社会建设的最前线，开拓进取，勇于创新，从本职岗位做起，甘当一颗螺丝钉，为民服务、为民解忧，用实际行动践行新时代雷锋精神，在平凡的岗位上作出了不平凡的业绩。

一本本"民情日记"记录着社区居民的点点滴滴；一张张"平房院落地图"描绘着家家户户的基本情况；一个个"妙招"为社区居民解决了操心事、烦心事、揪心事……体育馆路街道的"雷锋社工"是一支具有舍我为人的奉献思想和具备一定专业知识和社会工作实践经验的队伍，他们在最基层、最平凡的岗位上从

事着不平凡的事业，是体育馆路街道基层治理的重要力量和坚实的保障。

第五节　雷锋企业

体育馆路街道强化党建引领，充分发挥地区党建工作协调委员会作用，整合区域资源合力，调动党建共建单位积极性，广泛培育雷锋企业，参与各项学雷锋志愿服务活动，围绕城市精细化管理、文明城区建设、地区平安建设等方面工作共建共治共享，营造爱心志愿奉献的文明风尚，构建社区基层治理新格局。

一、青年企业家的"最美复工"

王涛是北京方圣时尚科技集团有限公司（以下简称方圣集团）董事长。抗击新冠疫情期间，王涛跨界投"医"，"防护服只捐不卖"的事迹充分彰显了扶危济困、共克时艰的民族品格。他用实际行动弘扬雷锋服务人民、助人为乐的奉献精神，曾荣获2021年"中国好人榜"助人为乐榜样、"全国优秀纺织企业家"、"北京五四青年奖章"等荣誉称号。

2020年1月，王涛想尽各种办法为武汉的医院筹措紧缺的医疗物资。看到医用隔离衣、医用防护服、口罩等十分紧缺，在政府引导下，作为公司掌门人，他毅然决定利用服装制造优势进行紧急转产，自投资金600余万元，建设无菌车间，改造生产线增添设备，成为国务院防疫小组和工信部认可的第一批疫情防控重点保障企业。从转产开始，王涛带领企业克服人员、技术工艺、原材料、物流等困难，24小时不停产，连续奋战46天，只为每多生产一件防疫物资，就能让疫情一线人员多一份保障。截至2020年3月12日，武汉方舱医院关闭，王涛带领企业生产防疫物资7万余件、价值近千万元，捐赠给了湖北武汉、黄冈、十堰、襄樊，以及北京市东城区卫生健康委员会，东城区各街道、社区和东城区定向帮扶的其他地区，义无反顾地助力抗疫一线，展现出新时代企业家的大爱情怀和社会担当。

当时，由于物资紧缺，王涛生产的防疫物资只捐不卖，王涛对此说道："说实话，我也是好几个晚上愁得睡不着觉，企业不赚钱，怎么养活几千名员工，可能还要倒闭，更别提回报社会了。但我不能发国难财啊，这是原则，是底线。大是大非面前必须要有大局观，方圣集团的今天是社会给予的，现在企业做的不是生意，而是一个企业应尽的责任。"

为了更精准地对接各地区防疫需求，方圣集团还专门开通了24小时捐赠专线，精准高效地对接捐赠事宜，产能提高后，出口迪拜等多个国家和地区，支援全球抗疫。王涛的爱心举动得到了社会的一致认可，这更加坚定了王涛对企业责任的理解，正如习近平总书记所说的那样，把企业发展同国家繁荣、民族兴盛、人民幸福紧密结合在一起，主动为国担当、为国分忧，带领企业奋力拼搏、力争一流，实现质量更好、效益更高、竞争力更强、影响力更大的发展。

一直以来，王涛就是一个有着高度社会责任感的企业家。他带领公司，连续多年与中国残联一起参与助残活动；连续多年支持东城区对口帮扶河北省张家口市崇礼区、湖北省十堰市郧阳区、内蒙古自治区乌兰察布市化德县和阿尔山市等地，通过定向捐赠、建立扶贫车间、定向消费帮扶的形式精准扶贫，特别是参与国家"万企帮万村"计划，助力西藏自治区拉萨市当雄县纳木湖乡恰嘎村实现了脱贫摘帽；连续多年参与街道"千户家庭送温暖"和青少年学生捐资助学活动，对有需求的社区困难群众及时进行帮扶……方圣集团累计向社会各界捐赠资金、物资超过2000万元，书写了企业家的担当。谈到今后的工作，王涛坚定地说："今后我将牢记习近平总书

记的嘱托，继续投身公益事业，带头学雷锋，积极参加志愿服务，主动承担更多社会责任，关爱他人，多做扶贫济困、扶弱助残的实事好事，做有温度、有态度、有高度的新时代企业先锋，以实际行动促进社会进步。"

二、物业小故事，居民大感动

幸福大街 59 号院的北京金隅大成物业管理公司，倾心服务小区二十余载，以默默奉献、温情守护、踏实真诚的工作作风得到了小区居民的认可，营造了安心、舒适的小区生活环境。

2021 年 8 月，小区一居民家中的洗衣机管道阀门突然脱落，当时只有老人一人在家。老人没有察觉，直到地上的水越来越多才发现问题，便急忙给物业客服中心打电话求助。物业接到电话，立即组织客服、工程人员及保安、保洁人员以最快速度来到老人家，把地上的水全部清理掉，还帮忙擦拭家具和物品并将其放回原处，工作人员全身都湿透了。事后，老人激动地对物业工作人员表达谢意，并送去锦旗。老人说："我们老两口都上了年纪，平时有什么需求，小区物业都会随叫随到，尽最大努力帮助解决，真是非常感谢。"

为了提升服务效率，物业的客服人员添加了绝大多数业主的微信。他们经常向业主发送小区通知、安全注意提示、常识小知识、车辆限行号码、节日祝福等。

物业人员用真心、真情收获了广大业主的认可和感动；业主把印有"情系业主、热心服务"的锦旗送给物业，感谢他们的温馨服务。物业李经理表示："业主的需求永远是第一位的。持续立足岗位学雷锋、做雷锋，真心付出是我们服务的宗旨，今后我们会更加努力做好服务，用实际行动回报全体业主对小区物业的支持与理解。"

体育馆路街道通过完善志愿服务机制，搭建志愿服务平台，整合志愿服务资源，有效吸纳各方志愿服务力量参与基层治理，有力服务居民需求，努力营造人人学雷锋、当雷锋的浓厚氛围，形成"向上""向善""向前""向好"的良好社会风尚。

第六节　体育馆路街道学雷锋志愿活动综述

体育馆路街道拥有学雷锋、厚植崇德向善的土壤。近年来，各地区各部门深入贯彻落实习近平新时代中国特色社会主义思想，牢记初心使命，坚持守正创新，贯彻落实《新时代公民道德建设实施纲要》《新时代爱国主义教育实施纲要》，积极培育和践行社会主义核心价值观，深入推进思想道德建设，宣传道德模范事迹，弘扬道德模范精神，涌现出一大批事迹突出、群众认可、具有鲜明时代特征、典型性示范强的先进模范。东城区高度重视精神文明建设工作，培养和选树了一大批事迹可学可做、精神可追可及的道德模范和榜样人物，涌现出第四届全国道德模范孙茂芳等一大批家喻户晓的道德楷模，先后有600余人次荣获各级模范榜样称号，上榜人数位居北京市前列，形成了崇尚道德模范、学习道德模范、争当道德模范的浓厚氛围，有力促进了公民道德建设深入发展。

体育馆路街道自2014年开展"感动体街"道德模范评选表彰活动以来，充分发挥道德模范榜样引领作用，广泛动员人民群众参与道德实践，让人民群众作为选模范、学模范、做模范的主体，推动社会道德水平进一步提高，形成实现中国梦的强大精神力量。"感动体街"道德模范评选表彰活动已成功举办三届，先后评选出一大批各行各业优秀个人和先进集体。体育馆路街道充分利用街道微信公众号以及抖音、快手等自媒体平台，开展候选人事迹介绍，使道德模范评选成为干部群众自我教育、自我提高的过程。地区挖掘培育的"天坛雷锋车队"曾荣获"全国学雷锋活动示范点""全国工人先锋号""首都学雷锋志愿服务示范岗""北京榜样"等多项荣誉称

号,道德模范王涛入选2021年度"中国好人榜"、荣获首都精神文明建设奖,侯琨获评"北京榜样",雷晓燕获评"感动东城"道德模范,邓宇鸣、张北北等荣获"新时代好少年"称号。

体育馆路街道发挥地区道德模范示范引领作用,联合地区30家餐饮单位开展"光盘有礼"活动,成立"光盘行动"劝导队,带动辖区居民自觉践行"公筷公勺""勤俭节约"。打造"邻里共享家""居民议事厅"等公共平台,引导居民全过程参与基层治理。常态化开展垃圾分类、河湖治理、文明交通、周末大扫除等志愿服务活动。组建街道"强国复兴有我"百姓宣讲团、社区青少年"红色宣讲团",深入机关、社区、企业广泛开展百姓宣讲,宣讲员侯琨入选市级团并代表东城区参加全市巡讲。在东城区率先启用地区"少先队队角",成立"共享家长志愿服务队",持续开展"寒暑假成长营""亲子运动会",引导未成年人树立正确的世界观、人生观和价值观。

近年来,为传承并弘扬新时代雷锋精神,体育馆路街道举办雷锋资料展、举行雷锋精神宣讲、组织召开新时代雷锋精神研讨会,打造特色品牌"雷锋讲堂",持续动员党员干部和辖区居民积极学雷锋、做雷锋,共同唱响新时代文明实践主旋律。

2022年3月,体育馆路街道以"弘扬雷锋精神、传承精神谱系、引领社区治理"为主题,组织开展了为期一个月的雷锋资料展活动。该活动得到了民间雷锋资料收藏家周金富老师,解放军报社原副总编辑、《雷锋》杂志总编辑陶克将军,地区非遗传承人,以及社会各界人士的大力支持和关注。这次展览采取社区巡展、座谈、集中授课相结合的形式,分别在辖区8个社区进行展出,参观展览的有国家部委、市区机关领导和地区党员干部群众,有东城区人大代表、政协委员,有雷锋辅导过的学生和各界模范人物,有事业成功的企业家,有"宁可一人脏,换得万家净"的环卫工人,有坐着轮椅的耄耋老人,有意气风发的青少年,有从事科学研究的专家学者,有战斗在一线的社区工作者,有远道而来的学雷锋志愿者……参观人数达到了 5000 余人次。这次雷锋资料展览活动受到了人民网、光明网、《北京日报》、《新京报》、《北京青年报》等近 50 家媒体的广泛关注和报道。

2022 年 8 月，在《雷锋》杂志社的倾力指导下，街道全体党员干部、雷锋志愿者共同采写、编撰的《雷锋》杂志东城区体育馆路街道社区治理经验特刊首发。《雷锋》杂志通过特刊的形式报道体育馆路街道学雷锋系列活动，高屋建瓴、意义深刻，既是对体育馆路街道用实际行动践行新时代雷锋精神的高度认可，更是对全体基层干部的鞭策和鼓励。在获得《雷锋》杂志特刊授权后，街道召开多轮次研讨会、筹备会，街道 12 个部门和 8 个社区的党员干部分别就部门突出的干部事迹和居民事迹进行深入挖掘，通过组稿、围读、研讨、细化，不断优化结构，细化内容，共同书写好新时代雷锋精神在"体街"的动人故事。经历了 100 多个日日夜夜，增删七次，调整数十次，最终让这本特刊高质量面世。其中蕴含的体育馆路街道"弘扬雷锋精神，传承精神谱系，提升社区治理"的经验引起中央国家机关相关部门和高等院校专家学者以及社会各界代表、社区居民、模范人物的一致好评。

2023 年 3 月，体育馆路街道组织开展了"弘扬雷锋精神、传承精神谱系、深化社区治理"学雷锋志愿活动常态化、生活化启动仪式。活动现场，百余张雷锋资料巡回展精彩瞬间的照片和媒体报道，再现了近年来体育馆路街道"弘扬雷锋精神、传承精神谱系、深化社区治理"取得的阶段性成果。与会嘉宾与居民共同观看《新时代雷锋精神在体街》纪录片，回顾体育馆路地区精彩纷呈的学雷锋系列活动，也开启了推动学雷锋活动融入日常、化作经常的新篇章，带领地区干部群众加速"崇文争先"，做实"六字文章"，为谱写新时代首都功能核心区崭新篇章作出了积极贡献，为中国式现代化建设添砖加瓦。

从体育馆路街道学雷锋志愿服务的实践看，街道切切实实将学

雷锋精神与基层治理
——坚持党建引领弘扬雷锋精神助力中国式现代化治理模式探索与实践

雷锋的精神落到了社区、居民、企业,紧紧围绕雷锋精神创新基层治理理念,推动了学雷锋活动融入日常、化作经常,并将继续组织动员地区企业、居民争相学雷锋,不断激发社会建设活力,营造"我为人人、人人为我"的良好风尚,具体表现在以下三个方面。

一是以知促行,不断提升地区居民对雷锋精神时代价值的认识。知,就是要通过广泛宣传雷锋精神、营造浓厚的学雷锋氛围,让大家真正认识雷锋精神,更要让大家明白虽然雷锋只是一个人,但雷锋精神不仅是一个人的精神,而是体现出中华民族的传统美德,彰显的是我党的先进本色,不会因为时代发展而更易。党的十八大以来,实现中华民族伟大复兴进入了不可逆转的历史进程。抓住这个时期发展雷锋精神,正当其时。行,就是要用实际行动去做,做到知行合一。通过常态化开展学雷锋活动,推进社会主义核心价值建设,打牢基层治理的基础。

二是以小见大,倡导地区居民争当新时代"雷锋式"好公民。雷锋之所以能成为家喻户晓的名字,并不是他做了惊天动地的大事,而是他的一生所做的一件件看似不起眼的"小事"影响了一代又一代人,而成为永不磨灭的历史丰碑。学雷锋就是要从我们身边的小事做起,哪怕是随手捡起一张纸片扔进垃圾桶,让生活环境更优美,这样以小见大,养成把雷锋精神化为日常行为,使学雷锋成为一种生活方式,一种道德规范,一个精神标杆,每一个人、每一个群体都学雷锋,争当新时代"雷锋式"好公民,使学雷锋活动在全社会蔚然成风,让社会更加和谐、邻里更加和睦、家庭更加和美。

三是常做常新,构建适合地区学雷锋持续开展的载体。为了适应时代发展变化,结合地区实际,坚持传承和创新相结合,构建适合体育馆路街道地区学雷锋常态化的载体,在传承雷锋精神的同时,不断丰富学雷锋活动的内容和形式,持续开展"党群阵地@你"、学雷锋月、助残月等以不同人群为主体的学雷锋活动,从不同层面挖掘更多学雷锋典型,用身边的典型和模范教育身边人,让雷锋精神内化于心，外化为群众的自觉行动，构建起推动地区基层治理的有效载体，形成以雷锋精神引领基层治理的特色品牌，让地区学雷锋活动持久开展下去，真正实现学雷锋生活化、常态化。

通过弘扬雷锋精神，体育馆路街道地区发生了八个方面的新变化。

一是通过弘扬雷锋精神，增进了邻里和睦、社会和谐。居民主动参与基层治理，好人好事不断，雷锋精神在体育馆路街道地区蔚然成风，社会矛盾逐渐减少、邻里关系更加和谐。

二是通过弘扬雷锋精神，提升了为民服务的工作效能。发扬"螺丝钉精神"，街道、社区基层干部"用心用情用力、见人见面见事"，把为人民服务的平凡小事做得更好，干部工作作风更加扎实。

三是通过弘扬雷锋精神，街道、社区基层干部找到了快乐的源泉，找到了人生所向、价值所在。党员干部在切实为居民办实事、办好事中，获得感、幸福感得到了提升，党员干部的思想更加通透，学雷锋、做雷锋的信念更加坚定。

四是通过弘扬雷锋精神，党群关系一家亲。街道、社区坚持开门办公，做好主动服务，开通了三条"干群连心线"，24小时畅通，确保居民有所呼，街道、社区基层干部第一时间有所应。大家真正心往一处想，劲儿往一处使，拧成一股绳，居民也由原来的"站着看"，转变为现在的"一起干"，党群关系更加融洽了。

五是通过弘扬雷锋精神，聚合为民办实事能量。结合未诉先办主动治理，解决系统性问题。从"有一说一"到"举一反三"，从被动治理向主动治理转变，做到发现一个问题，系统解决一类问题。做实党群服务中心平台，党员干部带头，发挥雷锋企业和雷锋志愿者作用，帮助群众实现"微心愿"，社区的凝聚力更强了。

六是通过弘扬雷锋精神，党员干部凝心聚力，同奏一首曲，同唱一首歌。通过弘扬雷锋精神，持续引导干部正确认识个体与整体的关系。街道领导班子和党员干部团结一致，上下同心，队伍更具战斗力。

七是通过弘扬雷锋精神，党员干部大局意识更强了。通过雷锋精神的滋养，每位党员干部都甘愿做一颗永不生锈的螺丝钉，都能认识到自己的重要性，把自己看成飞机引擎和汽车发动机上的一颗螺丝钉，绝不能松动，勇于担当、乐于奉献，党员干部大局意识更强了。

八是通过弘扬雷锋精神，制度自信更强了。制度自信源自制度确立、制度创新和制度自觉。通过雷锋精神的学习，形成了强大的理论支撑，坚定理想信念，只要有信仰、信念、信心，就能越战越勇，高标准完成好市委、区委交给的各项工作任务。

在雷锋精神引领下，体育馆路街道上下深刻践行"以人民为中心"的发展思想，涌现出一大批向雷锋同志学习、全心全意为人民服务的优秀干部、辖区居民和热心企业。例如，"北京市接诉即办工作先进个人"获得者、体育馆路街道市民诉求处置中心主任王玉梅，为做好接诉即办工作加班加点；西唐社区党委书记杜进平深耕基层社区工作二十余载，"不怕碰硬"、"随呼随应"、"把居民的事当成自家的事来办"；"孝亲敬老"典范徐东升；怀着"拳拳赤子心、殷殷家园情"的体育馆路街道侨联主席吴璧月；被称赞为"韩村长"的西唐社区居民韩建秋；无偿支持公益报展的"集报大王"李铁光；事业成功不忘反哺社会、积极参与各项社会公益活动、累计向社会捐资捐物超过2000余万元的"最美复工者"，方圣集团董事长王涛；以及坚持年年"为民办实事，夏日送清凉"的一大批地区企业家。雷锋精神已经成为"体街人"共同的精神标杆，为地区发展注入不竭的精神动力。

人生需要信仰引领，社会需要共识驱动，国家需要价值导航。立足新时代，体育馆路街道大力弘扬雷锋精神，不断推进社会主义核心价值体系建设，努力在全街道打造助人为乐、爱岗敬业、人人为我、我为人人的良好社会风尚。未来，体育馆路街道将继续坚持以新时代首都发展为统领，在常态长效弘扬雷锋精神助推基层治理工作中再下功夫、再出思路、再出实招，积极回应群众关切，顺应时代之变，全面加速"崇文争先"，做实"六字文章"，实施"六力提升"，深化开展好学雷锋活动，以实际行动丰富雷锋精神的时代内涵，汇聚起地区干部群众上下齐心、甘于奉献的磅礴之力，熔铸成激励党员干部群众奋发向上的精神力量，不断提升基层治理水平，让雷锋精神薪火相传，常在常新，为奋力谱写中国式现代化建设的东城新篇章，贡献体育馆路街道的力量！

参考文献

[1] 彭怀祖,吴东照. 重读《雷锋日记》:以先进典型研究为视角[M]. 北京:人民出版社,2021.

[2] 金亚平. 雷锋精神思想溯源与当代启示[D]. 长沙:湖南师范大学,2014.

[3] 刘佳. 学雷锋:一个国家运动视角的研究[D]. 兰州:兰州大学,2013.

[4] 张佳倩. 学雷锋活动的历史考察和经验研究[D]. 淄博:山东理工大学,2012.

[5] 吕静静. 道德文化的需求与建构[D]. 兰州:兰州大学,2013.

[6] 朱文婕. 雷锋精神时代化研究[D]. 西安:长安大学,2014.

[7] 刘佩瑶. 雷锋精神时代化研究[D]. 马鞍山:安徽工业大学,2014.

[8] 周子栋. 雷锋精神的当代价值[D]. 重庆:西南大学,2013.

[9] 闫焕文. 新时期雷锋精神的时代价值探索[D]. 海口:海南大学,2014.

[10] 郭义超. 雷锋精神的政治伦理价值及实现路径研究

[D]. 乌鲁木齐：新疆师范大学，2014.

[11] 孙香萍，方彬. 经纬度、初元素和感染力：也谈雷锋精神在中国共产党人精神谱系中所处的方位［J］. 雷锋，2022（9）：75-78.

[12] 陈锡德，韩锦伟，徐学飞，等. 本刊庆祝中国共产党成立100周年系列评述之二 雷锋精神是中国共产党精神谱系中的重要坐标［J］. 雷锋，2021（6）：5-8.

[13] 黄建国. 雷锋精神的思想文化源流探析［J］. 理论建设，2018（3）：94-97.

[14] 英明. 雷锋精神对丰富人民精神世界的重大意义［J］. 党政干部学刊，2023（3）：17-22.

[15] 王凤显. 简论马克思主义哲学的基本问题：物质、实践和精神的关系问题［J］. 兰州学刊，1991（3）：6-10.

[16] 夏莹. 黑格尔"精神"概念的构造方式及其社会内核：基于青年马克思哲学视域的考察［J］. 清华大学学报（哲学社会科学版），2013，28（4）：79-85，159.

[17] 江畅. 精神概念辨析［J］. 湖北大学学报（哲学社会科学版），2023（1）：20-30，174.

[18] 郝永平，鲁秀伟. 从物质与精神的关系审视中国现代化进程［J］. 科学社会主义，2021（4）：119-124.

[19] 李福全. 马克思主义哲学物质定义浅析［J］. 辽宁行政学院学报，2007（6）：111，113.

[20] 林德宏. 人：物质精神二象性［J］. 自然辩证法研究，2001（9）：4-7.

[21] 黄明中. 论列宁物质定义的哲学意义［J］. 哈尔滨学院学报，2003（1）：11-14.

[22] 苗国厚，谢宵男. 马克思主义物质定义的梳理与重释［J］. 社科纵横，2015（4）：116-118.

[23] 杨丽静，张钟璐. 理解马克思主义"物质"内涵的三个维度

[J]. 中国多媒体与网络教学学报（电子版），2020（11）：236-239.

[24] 傅济锋. 《马克思主义哲学原理》中物质定义辨析[J]. 理论界，2004（5）：72-73.

[25] 孔繁成. 中华优秀传统文化视域下弘扬雷锋精神的策略[J]. 辽宁教育行政学院学报，2021（4）：86-90.

[26] 殷兵，玄美顺. 雷锋精神的中华优秀传统文化源流探析[J]. 作家天地，2021（29）：161-162.

[27] 陶倩，石玉莹. 60年来雷锋精神内涵拓展的历史过程、逻辑理路与基本经验[J/OL]. 社会主义核心价值观研究，2022，8（3）：53-68.［2023-07-24］. http://scsv.tsinghuajournals.com/article/2022/2096-1189/101350D-2022-3-053.shtml.

[28] 欧阳雪梅. 学雷锋活动六十年来的发展历程及启示[EB/OL].（2023-03-01）［2023-07-24］. http://theorychina.org.cn/c/2023-03-01/1461325.shtml.

[29] 郭长义. 一座跨越时间的精神灯塔[EB/OL].（2020-10-20）［2023-07-24］. https://m.gmw.cn/baijia/2020-10/22/34293127.html.

[30] 钱江晚报. 秘书忆毛主席题词"向雷锋同志学习"出炉过程[EB/OL].（2013-03-05）［2023-07-24］. http://dangshi.people.com.cn/n/2013/0305/c85037-20684301.html.

后 记

　　雷锋事迹深入人心，雷锋精神代代相传。2023年是毛泽东等老一辈革命家为雷锋同志题词60周年，在体育馆路街道党工委书记秦磊的带领下，经过相关专家、学者的指导和帮助，凝聚着街道处级领导班子、各部门、各社区工作人员心血的《雷锋精神与基层治理：坚持党建引领弘扬雷锋精神助力中国式现代化治理模式探索与实践》一书与读者见面了。

　　本书共七章、四十四节，集理论研究与实践经验于一体，以小见大、深入浅出，收录近年来体育馆路街道弘扬传承雷锋精神、引领基层治理的探索与实践。这既是经验总结，也是传承中国共产党人精神谱系、弘扬雷锋精神的真实写照，更是体育馆路街道各部门和各社区学习雷锋、践行雷锋精神从而推动基层治理能力不断提升的具体体现。本书收录的弘扬雷锋精神与接诉即办工作实践、传承雷锋精神与基层治理的典型案例，可供基层工作人员在实际工作中随时查阅、借鉴。

　　在编撰本书的过程中，我们得到了《雷锋》杂志社的大力支持和指导，特别是解放军报社原副总编辑、《雷锋》杂志总编辑陶克将军，以及民间红色收藏家周金富老师和冯立祥同志的大力支持。我们克服重重困难，广泛挖掘辖区学雷锋典型人物事例、经验材料，动员街道各部门、各社区整理撰写相关资料，党群工作办公室、社区建设办公室、综合办公室进行了多次细致的整理、校对工作。在此，谨向关心和支持本书编辑工作的单位和同志、向提供资料的部门和社区表示衷心的感谢！

  由于时间仓促和编写水平有限，加之以弘扬雷锋精神推动基层治理的理论资料匮乏，书中还存在论述不够贴切、结合不够紧密等不尽如人意之处，敬请大家批评指正。

  "纸上得来终觉浅，绝知此事要躬行。"作为基层工作者，我们将继续传承弘扬雷锋精神，全力推动基层治理，以饱满的热情，立足岗位，做一颗永不生锈的螺丝钉，把有限的生命投入到无限的为人民服务之中去，为中国式现代化建设作出体育馆路街道的全部贡献。